Educar na
realidade

CATHERINE L'ECUYER

Educar na
realidade

Tradução
Nuno Vinha

1ª edição

Fons Sapientiae

São Paulo, 2018

Copyright © 2019 – Distribuidora Loyola de livros.

FUNDADOR: Jair Canizela (*1941-†2016)
DIRETOR GERAL: Vitor Tavares
EDITORA: Cristiana Negrão
CAPA E DIAGRAMAÇÃO: Claudio Tito Braghini Junior
TRADUÇÃO: Nuno Vinha
PREPARAÇÃO: Daisy Daniel
REVISÃO: Joana Figueiredo

Este livro segue as regras da Nova Ortografia da Língua Portuguesa.

Dados Internacionais de Catalogação na Publicação (CIP)
(Câmara Brasileira do Livro, SP, Brasil)

L'Ecuyer, Catherine
 Educar na Realidade / Catherine L'Ecuyer ; [tradução Nuno Vinha]. -- 1. ed. -- São Paulo
Edições Fons Sapientiae, 2018.

Título original: Educar en la realidad.
ISBN 978-85-63042-57-6

　　　1. Crianças - Criação 2. Educação - Finalidades e objetivos 3. Educação de crianças 4. Tecnologia educacional I. Título.

18-16865   CDD-371.33

Índices para catálogo sistemático:
1. Tecnologia educacional : Educação 371.33
Iolanda Rodrigues Biode - Bibliotecária - CRB-8/10014

Edições *Fons Sapientiae* é um selo da
Distribuidora Loyola de Livros
Rua Lopes Coutinho, 74 – Belenzinho
03054-010 São Paulo – SP
www.fonssapientiae.com.br
T 55 11 3322 0100
F 55 11 4097 6487

Todos os direitos reservados. Nenhuma parte desta obra pode ser reproduzida ou transmitida por qualquer forma ou quaisquer meios (eletrônico ou mecânico, incluindo fotocópias e gravação) ou arquivada em qualquer sistema ou banco de dados sem permissão escrita.

Para a Alicia, o Gabriel, o Nicolas e a Juliette.

Todos temos direito às nossas próprias opiniões, não aos nossos próprios fatos.

DANIEL P. MOYNIHAN

Sumário

Prefácio 11
Prólogo 19

1. A "realidade" digital. Quanto tempo os nossos filhos passam em frente a uma tela?...................... 23
2. Neuromitos na educação 29
3. Telas na primeira infância 43
4. Os nativos digitais, uma "raça diferente": o caso da multitarefa.. 49
5. O caso da motivação... 55
6. O sentido 63
7. Acesso precoce às novas tecnologias: a mão invisível 69
8. As novas tecnologias, um trem que as crianças não podem perder!.. 77
9. O uso de computadores nas aulas 85
10. As novas tecnologias como ferramentas para devolver à criança o protagonismo da sua educação? 93

11. Relações interpessoais e sentido de
    identidade pessoal 97
12. À frente ou atrás da tela? 115
13. O esforço, a austeridade e a simplicidade 121
14. O *locus* de controle 127
15. A exposição precoce às novas tecnologias reduz
    os riscos? 133
16. Psiiiiiuuu! Prestemos atenção! 151
17. O esplendor da realidade 157
18. A vinculação: o laço de confiança que
    predispõe a descobrir a realidade 169
19. A sensibilidade 175
20. O sofrimento 187
21. O déficit de humanidade: a empatia perdida 193
22. Déficit de pensamento 201

Conclusão 209

Prefácio

Todos nós que nascemos entre os séculos XX e XXI fomos formados pela mentalidade específica do nosso tempo. Isso é um problema? Bem, esta mentalidade nos traz uma série de limitações. Pouquíssimas pessoas que conheço conseguiram escapar dela, e não sem um esforço contínuo de autoeducação e de observação da realidade. O fato de sermos formados e de vivermos em meio a essa mentalidade contemporânea incute em nós uma visão sobre o mundo, sobre a vida, as pessoas, o cosmo etc. que é carregada de vícios. Parte do nosso exercício pedagógico será superar esses vícios, e para tal será preciso suspender temporariamente alguns juízos e nossos modos peculiares de olhar para a realidade. Será possível, dessa forma, acessar outro domínio da cognição a que não estamos habituados, mas que a humanidade sempre teve e sempre terá.

Um desses vícios a ser superado é o olhar cientificista. Atualmente, é muito comum tentarmos identificar "cientificamente" as causas de nosso mal-estar quando sentimos algum desânimo ou tristeza. Buscamos respostas nos níveis de dopamina, serotonina, adrenalina, feixes nervosos, córtex pré-frontal, sistema límbico. Esse vício consiste em querer sempre, de algum modo, reduzir a realidade da vida ao nível

Educar na
realidade

fisioquímico. O domínio físico ou corporal é apenas um dos aspectos com que contamos para existir. Reduzindo tudo à corporeidade e tentando arranjar nossa vida considerando apenas as relações físicas, acabamos por nos tornar neuróticos a esse respeito, além de cegos para compreender o restante do mundo em toda a sua complexidade, em toda sua beleza. Há, na verdade, uma série incontável de fatores que pesam sobre nós em nossa vida cotidiana.

Graças ao racionalismo, ao cientificismo e à autoridade da academia, o homem ocidental contemporâneo perdeu o domínio da filosofia simbólica, que é o conhecimento humano que estuda a correlação entre os seres e seus significados. Recuperar esse conhecimento é extremamente importante no estudo da pedagogia, pois é por esse campo em que o estudante transita: é preciso recuperar a capacidade intuitiva e de percepção apurada do fato, pois, mantendo-se preso à linguagem científica, ele deixa muitas possibilidades de lado e não consegue exercer esse tipo mais profundo, humano e eficaz de abordagem e compreensão.

Todas as coisas deste mundo estão associadas entre si, pois elas participam de uma mesma cadeia do ser. É possível exemplificar esse fato analisando as estações do ano — primavera, verão, outono e inverno — e sua relação com os temperamentos — sanguíneo, colérico, melancólico e fleumático. Na primavera não é possível colher frutos, que só aparecem, em sua maioria, na segunda metade do verão. A estação marca o momento de limpar os galhos secos do inverno e a bagunça que ele deixou: o gelo derreteu e o solo está preparado para receber as sementes e fazê-las germinar. Depois dos meses introspectivos de inverno, as pessoas voltam a sair às ruas para falar, para comunicar que o Sol voltou e que os primeiros brotos nasceram. A primavera, portanto, tem essa característica da expressão, simbolicamente relacionada ao temperamento sanguíneo. Os frutos vêm em seguida como algo real e palpável, como algo fixo, que se estabelece e diz a que veio. O verão chega como uma estação forte e hostil, que se impõe — é o temperamento colérico. O outono está entre o verão e o inverno. Portanto, pode ser considerada uma estação de queda: as folhas caem e existe um momento de interiorização, de incerteza. O melancólico, que se associa a essa estação, vive em seu recolhimento e tem as mesmas características de interiorização e de certo pessimismo. O inverno, por fim, traz consigo uma calma estática, fixa, que pode ser associada ao temperamento fleumático: a vida pulsa em seu interior, mas não se manifesta. Este exemplo já nos ajuda identificar esse princípio de simbolismo que foge ao império da ciência contemporânea.

Quando olhamos para alguém de nossa família, por exemplo, não podemos limitar nosso olhar ao aspecto físico, palpável, ou do contrário não apreenderemos nada a respeito desse alguém. Nós vemos, neste mesmo ato de olhar, muito mais que sua aparência física: vemos o amor que sentimos, o vínculo que construímos, nossa história, as nuances de nossa relação, enfim, uma infinidade de componentes. No

Educar na
realidade

ser humano, de forma muito especial e distinta em relação aos outros entes, a história de sua vida compõe sua própria substância. Pensemos nos objetos materiais — uma caneta, uma garrafa, uma cadeira. A maior parte do que carregam consigo em seu estar no mundo é sua presença física. Estão apenas disponíveis para nós, sem uma história relevante para nos comunicar. A história da cadeira, por exemplo, não nos importa; o que nos importa é sua funcionalidade: não importa saber de onde ela veio e para onde vai, mas somente se posso me sentar neste momento.

Já com os seres humanos é diferente. Quando nos relacionamos com as pessoas ao nosso redor, o conjunto de suas histórias pesa maximamente sobre elas, e nossa presença física nem chega perto de comunicar tudo o que há em nós. Somos seres virtuais, e não presenciais ou atuais, por assim dizer. Ao estarmos no mundo, nós o fazemos com o nosso corpo físico e mais todas as outras coisas que se encontram ao nosso redor. "Eu sou eu e minhas circunstâncias", dizia o filósofo Ortega y Gasset, o que quer dizer que a nossa história vai sendo escrita de acordo com as condições em que nos encontramos, de acordo com a relação que estabelecemos com as coisas que nos rodeiam. Quando observamos um objeto, percebemos do que ele é feito — um material —, mas também o seu princípio, o seu "quê" específico. É aquilo que, quando olhamos para uma mesa, por exemplo, nos faz saber que se trata de uma mesa. Agora, quando olhamos para um ser humano, para essa realidade radical a que chamamos vida, precisamos nos perguntar: Que substância é essa? A substância da vida humana é o corpo? É a atividade psíquica? Quando falamos da vida humana, estamos falando de quê? Em que se apoia essa estrutura a que chamamos vida? O corpo, sozinho, não dá conta de responder à pergunta; ele muda com o tempo. Nossa atividade psíquica também é cambiante, e portanto tampouco oferece resposta. Aqui vislumbramos, então, uma realidade de fundamental importância para avançarmos no estudo da pedagogia e da própria vida humana.

Educar é ensinar à criança o verbo, a voz de cada objeto; é ensiná-la a ouvir como cada objeto pede para ser conclamado. Se nos acostumamos a usar cada coisa de acordo com a nossa própria vontade, inevitavelmente, faremos escolhas erradas. Sem essa espécie de "ouvido poético" ou "metafísico", nossa vida vai progressivamente se esvaziando por não conseguirmos ouvir a voz que vem do mundo. Se nos voltarmos para o mundo tentando ouvir de cada ente material o modo correto que ele pede para ser usado, nós nos tornaremos pessoas mais elegantes: pessoas que conseguem eleger as coisas. Se atingirmos certa calma ou centralidade interior, seremos capazes de ouvir o verbo do mundo, de ouvir as coisas, o que nos tornará mais íntegros, mais capazes de progredir em nossa vocação e fazer as melhores escolhas em cada momento. Se treinamos para isso, conseguimos outra coisa magnífica: nós nos transformamos em pais melhores, em educadores melhores, esposas ou maridos melhores, pois, por meio de nossos atos, ajudaremos também os outros a

Educar na
realidade

fazerem as melhores escolhas e, consequentemente, a serem mais felizes. Um dos princípios da felicidade é ouvir o verbo do mundo, contemplar a beleza do mundo, e ceder a esse mistério, o que significa fazer as coisas de acordo com as demandas que nos vem do próprio ser do mundo.

Para avançar no estudo da pedagogia, será preciso ouvir melhor o verbo do mundo. As coisas materiais inanimadas falam de modo muito tímido, muito acanhado, sem muitas nuances. Os objetos, e mesmo as plantas, são, por assim dizer, mais fáceis de compreender: conseguimos ouvir seu verbo de um modo muito simples. Já ao olharmos para a vida humana, o que vemos de recorrente? A mudança. Nossa vida está em constante movimento; não há uma estrutura fixa que a defina. Onde se apoia, então, a vida humana? O que faz com que ela seja única? Sua história, seu drama, seu argumento, sua narrativa. A substância da vida humana é a história. Daqui se conclui que a substância da vida humana não é "dada", por assim dizer. É a história que contamos com a nossa própria vida, a que estamos fazendo neste exato momento. Nós somos aquilo que fazemos. Portanto, quando olhamos para qualquer pessoa com quem nos relacionamos, precisamos saber que a sua substância não é fixa: ela pode mudar.

O ser humano é, por definição ontológica, forçosamente livre — tem a liberdade em sua própria substância. Se a substância da vida é a história — o argumento, a narrativa —, contar essa história é definir a cada instante o que fazer. Com menor ou maior grau de consciência, de qualidade, de liberdade, sempre cabe a nós a decisão do que fazer no capítulo seguinte. E se a liberdade é um traço constitutivo da nossa natureza, se compõe nossa substância, não é possível um ser humano sem liberdade, e não pode ser humano aquele ou aquilo que não tem liberdade.

Em seu Educar na realidade, Catherine L'Ecuyer, com invulgar coragem e acurácia, expõe o imenso panorama da liberdade humana ao desarmar falácias cientificistas que tanto angustiam pais e educadores. Constrange correntes vanguardistas e devolve ao educador e aos pais o tão escasso bom senso. Com maestria, faz algo inédito: utiliza a linguagem e a munição da academia sem se amparar no cientificismo, ao contrário, inscreve todos os seus argumentos na mais profunda e sólida antropologia.

Dr. Italo Marsili
Residente em Psiquiatria pela
Universidade Federal do Rio de Janeiro
Trabalha no Hospital Gama Filho no Rio de Janeiro

Prólogo

"Um pai fazia uma caminhada pela montanha com os seus dois filhos. Uma vez alcançado o cume exclamou, admirando a paisagem:
– Olhem, meus filhos, que pôr do sol tão lindo!
– Bolas, papai, andar duas horas para ver um *screensaver*..."

Adaptação de um *cartoon* de *Faro*

É necessário educar os nossos filhos "na realidade".

O que quer dizer "educar na realidade"? Basicamente, três coisas.

Primeiro, há que educar os nossos filhos tendo em conta o século atual. Estamos num momento em que nos deparamos com vários dilemas educacionais com os quais os nossos pais não se deparavam. Um desses dilemas tem a ver com o uso das novas tecnologias (NT). Não houve uma só conferência que eu tenha dado desde a publicação do meu livro *Educar na curiosidade* na qual não me tenham feito pelo menos uma pergunta sobre esse tema. Entendo que, nesse âmbito, há preocupação, desinformação e desorientação. O ritmo frenético das mudanças tecnológicas faz com que tenhamos a sensação de estar a reboque desses acontecimentos. E parece que os nossos filhos nos superam, o que cria confusão e uma sensação de impotência, logicamente. Como

Educar na
realidade

dizia Ortega y Gasset: "Não sabemos o que está acontecendo conosco e é isso precisamente o que nos está acontecendo." Qual é a situação atual, na infância e na adolescência, a respeito do uso das NT? Como educar para que os nossos filhos, os nossos alunos, possam viver no mundo atual, no qual as NT são onipresentes? Como podemos prepará-los para isso?

Segundo, educar na realidade é educar as crianças no sentido da curiosidade por tudo o que as rodeia. A curiosidade é o desejo de conhecimento, e o que desperta essa curiosidade é a beleza. A beleza da realidade. Portanto, nossos filhos devem estar rodeados de realidade. Quanto mais realidade, mais oportunidades de ficarem curiosos e, portanto, de aprenderem. A realidade é o ponto de partida da aprendizagem, porque é de nossa natureza que entendamos o mundo com base na realidade. Por este motivo, há que se refletir sobre que tipo de experiências reais estamos propondo aos nossos filhos, aos nossos jovens.

Terceiro, educar na realidade é educar os nossos filhos, os nossos alunos, com realismo. Não é realista pedir a uma macieira que dê peras ou pedir a um peixe que suba em uma árvore. Nesse sentido, vamos falar de uma série de mitos educacionais que contribuíram para que nos afastássemos do que é verdadeiro, benéfico e belo para as crianças. Fizeram-nos procurar a perfeição no local errado ao pedir às crianças que façam coisas que a sua natureza não permite. O ponto de partida da educação deve ser a natureza da criança. Para desenhar uma educação "com sentido", devemos contemplar a natureza da criança e entender que ela está estreitamente relacionada com os fins da educação. Os grandes filósofos estão de acordo que a educação consiste em "procurar a perfeição de que a nossa natureza é capaz". Procurar o que é bom e verdadeiro para a nossa natureza.

Como educar reconciliando essas três ideias? Como educar no mundo atual, na beleza da realidade e levando em conta a natureza dos nossos filhos? Que lugar devem ou podem ocupar as NT na procura da perfeição de que é capaz a natureza das crianças e dos jovens? Estas perguntas são o prisma a partir do qual abordamos as NT neste livro. Nele, não demonizamos as NT, não somos nem tecnofóbicos nem refratários ao progresso tecnológico. É claro que o bom uso das NT numa pessoa adulta e madura pode trazer numerosos benefícios. Mas se nos afastarmos dos lugares-comuns que reduzem tudo ao absurdo e simplista dilema de estar "a favor ou contra" as NT, podemos abrir-nos a gradações mais ricas e questionarmo-nos quanto às consequências do seu uso na infância e na adolescência.

É preciso alertar que o ponto de partida do livro não é uma espécie de ânsia por chegar a determinadas conclusões. O ponto de partida é a educação: os seus objetivos. Quando temos claro quais são os seus fins, damo-nos conta de que na educação nada é irrelevante. Portanto, as NT não são uma espécie de ferramenta "neutra", como muitas vezes se afirmou. Devemos questionar-nos sobre o papel que desempenham (ou não) na busca da perfeição de que são capazes os nossos

Educar na *realidade*

filhos. É uma grande pergunta, quiçá demasiado ambiciosa, e, portanto, não pretendemos abarcá-la na sua totalidade. Mas, pelo menos, tentaremos suscitar uma reflexão sobre ela, e o leitor poderá guardar o que considerar oportuno.

1
A "realidade" digital. Quanto tempo os nossos filhos passam em frente a uma tela?

Na segunda metade do século passado, as televisões começaram a entrar em massa nos lares de grande parte do mundo desenvolvido.

Hoje, e apesar da introdução de outras NT, há estudos que revelam que o consumo de televisão continua em alta. Uma sondagem realizada, na Espanha, em 2012[1] indica que os espanhóis veem uma média de 4,1 horas diárias de televisão, o que equivale a umas 1.500 horas por ano. Em horas "diurnas" isso equivale a uns quatro meses por ano, um terço do ano... É difícil acreditar, mas os números assim o demonstram: passamos quatro meses por ano de todo o nosso tempo "acordado" vendo televisão. Num só ano, a soma de todos os espanhóis atinge oito milhões de anos de experiência humana consumindo programação de televisão. Não há

---

[1] SGAE, *Anuário SGAE das artes cénicas, musicais e audiovisuais*, Fundação SGAE, Madrid, 2013.

Educar na
realidade

dúvida, este meio configura a nossa cultura, a forma como vemos o mundo, os nossos valores. Ninguém pode negar que o que vemos na televisão afeta o nosso comportamento, a nossa educação e, em última análise, a nossa cultura. A prova disso é que trinta segundos de uma publicidade na Super Bowl valem mais de dois milhões de dólares. As empresas não gastariam esse dinheiro se esse tempo não tivesse um impacto direto e imediato no consumo ou na apreciação dos seus produtos ou marcas.

A mesma sondagem revela que as crianças e os jovens veem ligeiramente menos televisão do que as pessoas mais velhas, devido à introdução das NT nas suas vidas, que substituíram uma parte do tempo que passavam em frente ao televisor. No entanto, ainda assim, o tempo que dedicam à televisão continua a ter um peso importante, pelo menos em horas. Ao longo da sua passagem pela educação primária e secundária, por exemplo, uma criança espanhola terá visto umas 9.658 horas de televisão[2], um número de horas mais elevado do que as 9.625 horas letivas[3] na escola. E essas horas de televisão não incluem o consumo de telefone celular,

---

2 Segundo a sondagem, as pessoas que estão na faixa de idade entre os 4 e 12 anos veem 161 minutos por dia, enquanto as da faixa entre 13 e 24, cerca de 153.

3 875 horas por ano na primária e 1.050 no secundário, segundo o *Panorama de la educación, Indicadores de la OCDE 2013*, Relatório Espanhol do Ministério da Educação, Cultura e Desporto, Governo de Espanha.

smartphones, computadores, *video games*, *tablets* e de internet, tanto em casa como na escola.

Em 2009, um estudo[4] publicado no *Anuario de Psicología Clínica y de la Salud,* realizado entre menores espanhóis dos 12 aos 17 anos, dava conta de um consumo total de 6,41 horas diárias de televisão, telefone celular e internet. Podemos imaginar qual seria o número de horas hoje, considerando que, à data em que se realizou o estudo, os *tablets* e os *smartphones* ainda não tinham chegado ao mercado com a força de hoje. Na Espanha é difícil conseguir dados atualizados do tempo de uso da tecnologia nos vários meios – consoles de jogos eletrônicos, *smartphones*, telefones celulares, *tablets* etc. – na faixa de idades das crianças e da adolescência.

Um estudo de 2014 realizado no Reino Unido[5] reporta um uso combinado das NT – televisão, *video games*, música, internet, telefones celulares –, por parte de crianças e adolescentes entre os 5 e os 16 anos, de 8,3 horas diárias.

Um estudo realizado nos Estados Unidos[6] em 2009 entre crianças e jovens dos 8 aos 18 anos reporta um uso das

---

[4] S. M. Villadangos e F. J. Labrador, "Menores y nuevas tecnologías (NT): ¿uso o abuso?", *Anuario de Psicología Clínica y de la Salud = Annuary of Clinical and Health Psychology,* 5, 2009, pp. 75-83.

[5] *Childwise Pocket Fact Sheet, Key facts about children and young people in the UK,* Childwise, 2014.

[6] Kaiser Family Foundation, *Generation M2, Media in the Lives of 8-to 18-Year-Olds. A Kaiser Family Foundation Study,* The Henry J. Kaiser Family Foundation, Califórnia, 2010.

Educar na
realidade

NT – para o lazer, sem incluir o uso para fins educacionais – de 10,75 horas diárias.

São valores elevados, que nos surpreendem, uma vez que, se somarmos esse tempo ao tempo que a criança ou o adolescente dedica à escola, para dormir, comer, tomar banho, etc., obtemos um número de horas diárias muito acima das 24 horas do dia. Por quê? O tempo não é elástico. Então, como pode ser isso?

A resposta é que nossos filhos veem a tela em modo multitarefa, ou seja, usam várias tecnologias ao mesmo tempo. No estudo realizado nos Estados Unidos, aproximadamente um terço do consumo de NT dos nossos filhos faz-se em modo multitarefa, o que dá, em "tempo real", um consumo de 7 horas e 38 minutos por dia. Enquanto fazem os trabalhos de casa, leem e respondem a uma mensagem no WhatsApp; enquanto jogam *video games*, falam com os seus amigos; enquanto jantam, veem televisão e falam com os pais. De fato, 81% das crianças e adolescentes dizem que uma ou outra vez, ou na maioria das vezes, fazem os trabalhos de casa enquanto jogam um *video game*, olham para a televisão ou enviam mensagens. Podem os nativos digitais lidar com várias informações ao mesmo tempo? A resposta intuitiva é: "Sim, porque são nativos digitais". A etiqueta "nativo digital" é uma espécie de passaporte que lhes permite aceder a atividades às quais nós, os seus pais, não tínhamos acesso quando tínhamos a sua idade ou às quais nunca poderemos aspirar, por sermos imigrantes digitais. Isso é mesmo assim? Isto leva-nos a falar de alguns neuromitos no âmbito das NT, e de outros mitos sobre o uso das NT pelas crianças.

2
Neuromitos na educação

"É mais fácil quebrar um átomo do que um preconceito."

ALBERT EINSTEIN

"A ignorância está menos longe da verdade do que o preconceito."

DENIS DIDEROT

Nos últimos anos multiplicaram-se os aplicativos e os dispositivos chamados "inteligentes", que alegam potenciar a inteligência dos nossos filhos pequenos. As empresas que distribuem estas ferramentas no mercado dizem-nos que devemos usá-las para o estímulo precoce dos nossos filhos, a ponto de desenvolverem 80% das suas conexões cerebrais. Dizem-nos que os nossos filhos têm um potencial ilimitado, que devemos aproveitar ao máximo a "janela de oportunidade" dos três primeiros anos. Dizem-nos que esses aplicativos se adaptam ao estilo de aprendizagem deles e ajudam a desenvolver cada um dos seus hemisférios cerebrais. Vendem-nos produtos digitais "baseados na neurociência" que supostamente potenciam a curva de aprendizagem dos pequenos. Essas empresas também nos dizem que nossos

Educar na
realidade

filhos são nativos digitais e que, portanto, os seus cérebros são mais ágeis que o nosso na multitarefa (fazer várias atividades ao mesmo tempo). Por isso, não deveríamos ter medo que realizem várias atividades ao mesmo tempo em que assistem à televisão. Pelo contrário. Em vez de proibi-los, ou de ficarmos preocupados com isso, deveríamos incentivá-los, porque os nativos digitais são uma espécie de "raça diferente" da nossa.

O que a grande maioria da população não sabe é que esses argumentos de venda, que foram o motivo da proliferação no mercado de centenas ou milhares de produtos tecnológicos (tanto dispositivos como aplicativos), carecem de fundamento educacional científico da educação. Se esses produtos se vendem em massa, em parte é graças à implantação dos neuromitos que proliferam no mundo educacional, tanto na escola como em casa. Mas o que é um "neuromito"?

A palavra "neuromito" foi criada em 1980 por Alan Crockard. Refere-se a ideias pseudocientíficas sobre o cérebro na cultura médica. Em 2002, a Organização para a Cooperação e o Desenvolvimento Económico (OCDE) chamou atenção para os neuromitos, qualificando-os como

> más interpretações geradas por um mau entendimento, uma leitura equivocada ou uma citação fora do contexto de fatos cientificamente estabelecidos (pela investigação em neurociência) com o objetivo de usar a investigação neurocientífica na educação ou em outros contextos.

Essas más interpretações ocorrem, claro, na literatura popular (em notícias, em alguns folhetos da indústria da educação, em livros de autoajuda, em *blogs* na internet, em livros e em conferências sobre educação com oradores que são iniciados em neurociência etc.), e acabam por calar fundo no âmbito educacional, criando falsas premissas sobre as quais se vão construindo métodos educacionais que não têm qualquer base científica e gerando uma oferta comercial cada vez mais ampla para esses produtos.

Quais são estes mitos e qual é a verdade acerca de cada um deles?

Neuromito 1: "A criança tem uma inteligência ilimitada"; e neuromito 2: "Só usa 10% do seu cérebro"

> "Fomos dotados com inteligência suficiente para sermos capazes de ver com clareza o quão tremendamente inadequada é essa inteligência quando nos confrontamos com tudo o que existe. Se esta humildade pudesse ser transmitida a todas as pessoas, o mundo das iniciativas humanas seria muito mais atraente."
>
> Albert Einstein

> "Não é humano um dever que, mesmo sonhando com uma humanidade perfeita, seja inexorável para com os homens."
>
> Jacinto Benavente

Educar na
realidade

Um dos neuromitos descritos pela OCDE é o mito segundo o qual "usamos apenas 10% do nosso cérebro". Os nossos filhos têm uma inteligência ilimitada? Usam apenas uma pequena parte do seu cérebro? Em qualquer caso, essas duas ideias contradizem-se. Como podemos calcular 10% de algo infinito?

De acordo com esses mitos, o ser humano teria capacidades ocultas, uma espécie de poderes, como as que vamos descobrindo em *Lucy*, um filme de Luc Besson, no qual a protagonista se torna capaz de usar uma percentagem cada vez maior das suas capacidades cerebrais, o que lhe permite, entre outras coisas, aprender chinês e comunicar telepaticamente com as pessoas.

Hoje sabemos, com certeza, ser falso que o ser humano não use uma grande parte do seu cérebro. O professor de Neurociência Cognitiva Barry Gordon, investigador da Universidade do Hospital Johns Hopkins na área da identificação e implementação de métodos para melhorar a linguagem, a memória, o pensamento e a aprendizagem, diz que o mito de que usamos só uma pequena parte do nosso cérebro é de uma falsidade risível: "Usamos, virtualmente, cada parte do cérebro, quase todo o cérebro está ativo quase sempre".[1]

Se tivéssemos um cérebro com um potencial infinito, não seríamos humanos, mas sim uma espécie de deuses. Teríamos poderes. Poderíamos criar coisas do nada. Não haveria mistérios nem incógnitas. Seríamos oniscientes e

---

[1] R. Boyd, "Do People Only Use 10% of Their Brains?", *Scientific American*, 7 de fevereiro de 2008.

todo-poderosos. Na verdade, a rápida difusão e o êxito desse mito é, de alguma maneira, consequência da vaidade e da dificuldade em reconhecer as nossas limitações humanas. Como dizia Huxley: "Uma verdade sem interesse pode ser eclipsada por uma falsidade emocionante." A nossa imperfeição é uma verdade sem interesse. Por isso, recorremos a falsidades emocionantes que nos reconfortam.

O que mais preocupa é que este neuromito se estendeu a grande velocidade, sem qualquer base científica, para o âmbito da educação. Em 2014, um estudo publicado na *Nature*[2] revelou que 48% dos professores ingleses (46% na Holanda, 50% na Turquia, 43% na Grécia e 59% na China) acreditam neste mito. Os departamentos de *marketing* de muitas empresas de *software* e de *hardware* apropriaram-se deste mito para convencer os "bons pais" a adquirirem os seus produtos para o bom desenvolvimento cerebral dos filhos. Partindo dessa premissa, fazemos com que os nossos filhos "se divirtam ao aprender" com a maquininha, com a promessa de estimular e multiplicar a sua inteligência. Chegamos à conclusão de que "mais é melhor", porque confundimos "mais estímulos" e "mais informação" com "mais inteligência".

Não só a nossa inteligência tem limites, como também a nossa memória. Einstein dizia:

> Procuro não sobrecarregar a minha memória com dados que posso encontrar em qualquer manual, já que o grande valor

---
2 P. A. Howard-Jones, "Neuroscience and Education: Myths and Messages", *Nature Reviews Neuroscience*, 2014.

Educar na *realidade*

da educação não consiste em nos empanturrar de dados, mas sim em preparar o cérebro para pensar por sua própria conta e, assim, tomar conhecimento de algo que não figure nos livros.

Constatamos, ao ler esta citação, que o próprio Einstein, considerado um "gênio", reconhecia que a memória humana é limitada. De fato, existe vasta literatura científica sobre a capacidade limitada da memória[3].

O ser humano não tem capacidades infinitamente elásticas. Tem limitações claras, e a perfeição à qual deve aspirar não pode reduzir-se a realizar uma série de técnicas para desenvolver umas supostas capacidades intelectuais "espantosas" para que use uma parte escondida do seu cérebro que, na realidade, não existe.

Neuromito 3: "Cada hemisfério é responsável por um estilo de aprendizagem diferente"

Outro neuromito listado pela OCDE, e que também carece de base científica, é a teoria da dominância cerebral, segundo a qual as crianças tendem a usar um hemisfério mais do que o outro, o que tem repercussões no seu estilo de aprendizagem ou na sua personalidade. Quantos livros educacionais dirigidos aos pais, quantos métodos e aplicativos

---

3 N. Cowan, "The Magical Number 4 in Short-Term Memory: A Reconsideration of Mental Storage Capacity", *Behavioral and Brain Sciences*, 24(1), 2014, pp. 87-114.

"educacionais" se vendem a reboque deste mito! Segundo este mito, as pessoas que usam mais o hemisfério direito são mais criativas e artísticas, enquanto as que usam mais o esquerdo são mais lógicas e analíticas. Esta crença foi desmistificada por estudos que demonstram que – ainda que seja correto que algumas atividades são adjudicadas mais a um hemisfério do que a outro, como, por exemplo, a linguagem, que tende a desenvolver-se na parte esquerda, enquanto a atenção se desenvolve na direita –, 1. o cérebro trabalha como um conjunto; em todas as aprendizagens analisadas observou-se atividade em ambos os hemisférios cerebrais, já que estão ligados, e 2. não existem provas de dominância cerebral nas pessoas, o que, supostamente, teria repercussões no estilo de aprendizagem.

Por exemplo, num estudo recente, realizado com 1.000 pessoas, dos 7 aos 29 anos, não se encontrou qualquer prova de dominância cerebral[4]. Jeff Anderson, diretor do estudo e professor de neurorradiologia na Universidade de Utah, disse:

> A comunidade Neurocientífica nunca aceitou a ideia de tipos de personalidade com dominância cerebral direita ou esquerda. Os estudos de lesões cerebrais não sustentam essa teoria, e a verdade é que seria altamente ineficaz se uma parte do cérebro fosse, sistematicamente, mais ativa do que a outra.[5]

---

4 J. A. Nielsen, B. A. Zielinski, M. A. Ferguson, J. E. Lainhart e J. S. Anderson, "An Evaluation of the Left-Brain vs. Right-Brain Hypothesis with Resting State Functional Connectivity Magnetic Resonance Imaging", *PLoS ONE*, 8 (8): e71275, 2013.

5 A. Novotney, "Despite What You've Been Told, You Aren't 'Left-Brained' or 'Right-Brained'", theguardian.com, 16 de novembro de 2013.

Educar na
realidade

A prestigiada revista *Nature Reviews Neuroscience* publicou um artigo intitulado "Neurociência e educação: da informação à prática"[6], no qual o autor, Goswami, professor de Educação e diretor do Centro para a Neurociência na Educação da Universidade de Cambridge, assinala:

> Numa conferência recente para a inauguração do Centro de Neurociência na Educação da Universidade de Cambridge, os professores disseram ter recebido, em um ano, mais de 70 mensagens via *e-mail*, convidando-os a frequentar cursos sobre a aprendizagem baseados em informação sobre o cérebro. Estes cursos sugerem, por exemplo, que as crianças se dividem em função da sua dominância cerebral direita ou esquerda, uma vez que os indivíduos "preferem" um tipo de aprendizagem. [...] Os professores são aconselhados a moldar o seu método de ensino na sala de aula de forma a que haja um equilíbrio entre a dominância cerebral direita ou esquerda e evitar um desajuste entre a preferência cerebral do aluno e a experiência de aprendizagem. Este neuromito deve-se, provavelmente, a uma interpretação exageradamente literal da especialização hemisférica.

Um estudo publicado na *Frontiers*[7] reporta que este mito é um dos que têm mais adeptos. Pelo menos 91% dos professores ingleses e 86% dos holandeses sondados

---

6 U. Goswami, "Neuroscience and Education: From Research to Practice", *Nature Reviews Neuroscience*, 7, 2006, pp. 406-413.

7 S. Dekker, N. C. Lee, P. Howard-Jones e J. Jolles, "Neuromyths in Education: Prevalence and Predictors of Misconceptions among Teachers", *Frontiers in Psychology*, 3, 2013, p. 429.

pensam que "a diferença na dominância hemisférica (direita ou esquerda) pode explicar as diferenças individuais na aprendizagem".

Neuromito 4: "Um ambiente enriquecido aumenta a capacidade do cérebro para aprender"; e neuromito 5: "Os três primeiros anos são críticos para a aprendizagem, portanto, são decisivos para o desenvolvimento posterior"

> "Menos é mais."
> LUDWIG MIES VAN DER ROHE, considerado um dos mais importantes mestres da arquitetura moderna

Os neuromitos 4 e 5 estão relacionados entre si, e, portanto, vamos abordá-los em conjunto. No artigo da *Nature Reviews Neuroscience*[8], citado anteriormente, o seu autor afirma o seguinte:

> O abismo entre a neurociência e a educação está sendo preenchido com pacotes e programas que alegam ter um fundamento científico. A velocidade com que esses pacotes ganharam crédito é assombrosa. [...] O mito do "período crítico" sugere que o cérebro da criança não funcionará adequadamente se não receber a quantidade adequada de estímulos no momento

---
8 U. Goswami, "Neuroscience and Education: From Research to Practice", *Nature Reviews Neuroscience,* 7, 2006, pp. 406-413.

correto. O ensino de algumas habilidades deve ocorrer durante esse período crítico, caso contrário a janela de oportunidade de educar estará perdida. O mito da sinaptogênese (processo da formação das sinapses no cérebro) promove a ideia de que se pode aprender mais se o ensino coincidir com os períodos deste processo. [...] É preciso eliminar estes mitos.

Cerca de 33% dos professores ingleses e 46% dos professores holandeses acreditam que "existem períodos críticos na infância, após os quais não se consegue aprender uma série de coisas"[9].

O principal argumento para chegar a essa falsa conclusão é a plasticidade do cérebro. Isto é um fato, mas hoje sabemos que isto ocorre durante toda a vida, e não apenas durante os primeiros anos. Podem existir, durante os primeiros anos, períodos mais ou menos sensíveis no que toca ao desenvolvimento cognitivo, mas nem por isso devem ser considerados como "críticos". Não são janelas de oportunidade que se fecham aos 3 anos. Por exemplo, pode ser mais fácil para uma criança aprender chinês durante o primeiro ano de vida. O problema surge quando a partir desse fato se chega à conclusão de que um bebê se desenvolve melhor assistindo a aulas de chinês do que passando tempo com o seu cuidador principal. O problema surge quando se chega

---

9 S. Dekker, N. C. Lee, P. Howard-Jones e J. Jolles, "Neuromyths in Education: Prevalence and Predictors of Misconceptions among Teachers", *Frontiers in Psychology*, 3, 2013, p. 429.

à conclusão de que a criança pode e deve aprender chinês olhando para uma tela de computador (veremos mais à frente que os estudos indicam o contrário). Em suma, o problema surge quando a sociedade está convencida de que aprender chinês vai solucionar a vida da criança, passando por cima de uma das dimensões mais importantes para o bom desenvolvimento dela: a afetiva.

Hoje sabemos que durante os primeiros anos o mais importante para o bom desenvolvimento de uma criança não é a quantidade de informação que ela recebe, mas sim a atenção afetiva que recebe, através do modelo de vinculação que desenvolve com o seu cuidador principal.

Daniel Siegel, psiquiatra, biólogo, professor e membro executivo do Centro para a Cultura, o Cérebro e o Desenvolvimento da UCLA, assinala:

> Não há necessidade de bombardear bebés ou crianças pequenas (ou quem quer que seja) com uma estimulação sensorial excessiva, na esperança de construir cérebros melhores. Trata-se de uma má interpretação da literatura sobre neurobiologia, segundo a qual, de alguma forma, "quanto mais estímulos, melhor". Simplesmente, não é assim. Os pais e os outros cuidadores podem relaxar e deixar de se preocupar em proporcionar uma grande quantidade de bombardeamento sensorial aos seus filhos. A sobreprodução de conexões sinápticas durante os primeiros anos de vida é suficiente para que o cérebro possa desenvolver-se adequadamente dentro de

um meio ambiente que proporcione uma quantidade mínima de estimulação sensorial.

E acrescenta:

> Durante os primeiros anos de desenvolvimento, os padrões de interação entre a criança e o cuidador são mais importantes do que um excesso de estimulação sensorial. A investigação sobre a vinculação sugere que a interação interpessoal colaborativa, e não a estimulação sensorial excessiva, é a chave para um desenvolvimento saudável.

Portanto, é contraditório aumentar o número de horas que uma criança passa diante de um DVD supostamente educacional, ou de um *"smart" tablet*, com o argumento de não querer desperdiçar uma oportunidade de aprendizagem, quando sabemos que nessas idades o mais importante não é o bombardeamento de informação, mas sim a consolidação do vínculo de afeto com os pais ou com outro cuidador que cumpra as condições para poder assumir esse trabalho. Em quantos casos esses neuromitos terão contribuído para despojar de sentido o trabalho das mães, dos pais, deixando-os acreditar que tinham de sobre-estimular os seus filhos a todo o momento, e que esse trabalho poderia ser delegado a uma tela? Sem dúvida, os neuromitos contribuíram para afastar muitos pais da sua sensibilidade e do seu senso comum no exercício da maternidade e da paternidade. Nós, os pais, não somos animadores de ludotecas. São as relações interpessoais que dão sentido às aprendizagens durante a infância e grande parte da adolescência, porque configuram o nosso sentido de identidade (mais adiante vamos falar disto em pormenor).

3
Telas na primeira infância

"Não há dados que fundamentem a tese segundo a qual as crianças pequenas necessitam, para poder aprender, de familiarizar-se com a tecnologia. O fato de as crianças gostarem de algo, ou de os pais pensarem que algo lhes agrada, não quer dizer que esse algo seja educacional, nem sequer que esse algo seja bom para eles. As crianças também gostam de doces."

Linn & Poussaint

Um estudo realizado no Reino Unido em 2012[1] com crianças do 0 aos 4 anos revela que 27% delas usam um computador e 23% acessam a internet. A atividade principal das que usam a internet consiste em jogos na rede (74%), e o principal *site* da *web* visitado é o Cbeebies (61%), no qual podemos encontrar conteúdos que, segundo este portal, "permitem divertirem-se e, ao mesmo tempo, fomentar a aprendizagem".

Aprendem através da tela dos aparelhos eletrônicos? Os estudos demonstram que as crianças pequenas não aprendem palavras ou outros idiomas com os DVD, por muito

---
[1] "Childwise Monitor Pre-School Report", *Childwise*, 2012.

Educar na
realidade

"educacionais" que aleguem ser[2]. Vários estudos reportam o efeito deficitário do vídeo – chamado *Video Deficit Effect* –, que equivale a uma espécie de déficit de realidade nas aprendizagens através das telas, comparando-as com uma demonstração ao vivo[3].

Vários estudos estabelecem, inclusivamente, uma relação entre o consumo dos DVD, pretensamente educacionais, e uma diminuição no vocabulário dos bebês e no seu desenvolvimento cognitivo[4]. Também há estudos que estabelecem uma relação entre o acesso às telas durante os três primeiros anos e problemas de atenção aos sete[5]. Mesmo prestigiados pediatras norte-americanos lançaram a mensagem *Primum non nocere* ("Primeiro, não prejudicar"), máxima atribuída

---

2 Entre eles: R. A. Richert, M. B. Robb, J. G. Fender e E. Wartella, "Word Learning From Baby Videos", *Arch. Pediatr. Adolesc. Med.*, 164(4), 2010, pp. 432-437; P. K. Kuhl, F. M. Tsao e H. M. Liu, "Foreign-language Experience in Infancy: Effects of Short-term Exposure and Social Interaction on Phonetic Learning", *Proc. Natl. Acad. Sci*, 100(15), 2003, pp. 9096-9101.

3 D. R. Anderson, e T. A. Pempek, "Television and very Young Children", *Am. Behav. Sci*, 48, 2005, pp. 505-522.

4 F. J. Zimmerman, D. A. Christakis e A. N. Meltzoff, "Associations between Media Viewing and Language Development in Children under Age 2 Years", *Journal of Pediatrics*, 151(4), 2007, pp. 364-368; W. Chonchaiya e C. Pruksananonda, "Television Viewing Associates with Delayed Language Development", *Acta Paediatr.*, 97(7), 2008, pp. 977-982; S. Tomopoulos, B. P. Dreyer, S. Berkule, A. H. Fierman, C. Brockmeyer e A. L. Mendelsohn, "Infant Media Exposure and Toddler Development", *Arch. Pediatr. Adolesc. Med.*, 164(12), 2010, pp. 1105-1111.

5 D. A. Christakis, F. J. Zimmerman, D. L. DiGiuseppe e C. A. McCarty, "Early Television Exposure and Subsequent Attentional Problems in Children", *Pediatrics*, 113, 2004, pp. 708-713.

a Hipócrates, aplicada no campo da medicina, para consciencializar a comunidade científica sobre a importância de desincentivar o acesso às telas durante a infância[6].

Quando começaram a publicar-se esses estudos, um grupo de pais pediu à Baby Einstein que retirasse dos DVD dirigidos a crianças pequenas as alegações de que eram educacionais. A Baby Einstein concordou em fazê-lo, devolvendo o dinheiro aos pais que tinham comprado os seus produtos.

De fato, a Academia Americana de Pediatria recomenda que se evite que as crianças acessem telas até aos dois anos, por considerar que os estudos indicam que elas produzem mais efeitos negativos do que positivos. A Academia realça, por outro lado, que os estudos recentes não encontraram provas de que, do ponto de vista educacional, seja benéfico em crianças menores de 2 anos de idade; pelo contrário, vários estudos alertam para o perigo potencial das telas para a saúde e para o desenvolvimento das crianças dessa faixa etária[7]. Para crianças acima dos 2 anos, a Academia recomenda limitar o tempo de exposição às telas a menos de duas horas por dia, tendo o máximo de cuidado com os conteúdos que os jovens e as crianças veem. É preciso acrescentar que as regras apontadas pelas associações de pediatria são critérios sanitários de

---

6 D. A. Christakis, "Infant Media Viewing: First, do no Harm", *Pediatr. Ann.*, 39(9), 2010, pp. 578-582.

7 American Academy of Pediatrics, "Policy Statement: Media Use by Children Younger than 2 Years", *Pediatrics*, 128(5), 2011, pp. 1040-1045. Confirma a recomendação que já tinha feito em 1999.

Educar na
realidade

saúde pública, não critérios educacionais, pelo que devem ser considerados "regras de mínimos", não de excelência.

Para um bom desenvolvimento das suas personalidades, nos seus primeiros anos, as crianças pequenas precisam de relações interpessoais com o seu principal cuidador. O tempo passado no mundo virtual é tempo que se retira dessas experiências humanas. A tela converte-se, por isso mesmo, num obstáculo à criação do laço afetivo. A questão do uso das NT por parte das crianças não se pode reduzir a um "é bom?" ou "é mau?". Temos de compreender que, quando uma criança está diante de um tela, está deixando de fazer uma série de atividades, algumas das quais podem ser necessárias para o seu bom desenvolvimento e podem oferecer-lhe mais como pessoa. Não se pode reduzir a questão tecnológica a "não causar demasiado prejuízo". Temos de nos questionar sobre se a criança sai ganhando com essa troca.

As crianças precisam de realidade. E precisam de uma educação humana. Em 2011, a Academia Americana de Pediatria alertava[8] que as crianças pequenas aprendem com as interações com humanos, não com telas. Necessitam que o olhar dos seus pais e dos professores faça a calibragem da realidade. Por exemplo, imaginemos que um adulto entra numa sala de educação infantil para consertar a luz, sobe numa escada e solta um palavrão ao deixar cair uma ferramenta ao

---

8 American Academy of Pediatrics, "Policy Statement: Media Use by Children Younger than 2 Years", *Pediatrics*, 128(5), 2011, pp. 1040-1045. Confirma a recomendação que já tinha feito em 1999.

chão. Para onde olham todas as crianças? Para a ferramenta? Para o homem? Não. As crianças vão olhar para o rosto da sua professora, para interpretar o que aconteceu. Se a professora não lhe der importância, eles não darão importância; se franzir a testa, indicando que aquilo não se faz, eles vão chegar à mesma conclusão; se ela rir, eles farão o mesmo. E à noite vão contar o sucedido aos pais, adotando as mesmas reações da professora. O principal cuidador da criança é o intermediário entre a realidade e ela. Dá sentido às aprendizagens. Uma tela não pode assumir esse papel, porque não faz a calibragem da informação à criança. A criança recebe tal como é, sem filtro, o que o tela emite.

Estudos mais recentes sugerem que a regra dos dois anos poderia, eventualmente, passar a ser de três ou quatro anos. Por exemplo, um estudo longitudinal (realizado ao longo de dez anos) estabelece uma relação entre o consumo de televisão por crianças de 29 e de 53 meses e uma diminuição na motivação para aprender na escola, uma diminuição nos resultados de matemática, um aumento das vítimas de assédio escolar e da massa corporal das crianças de 10 anos. Noutro estudo[9], faz-se a relação entre o consumo de televisão por crianças de 5 anos com problemas de atenção e concentração aos 11. Esses estudos indicam que os efeitos da televisão não

---

9 C. E. Landhuis, R. Poulton, D. Welch e R. J. Hancox, "Does Childhood Television Viewing Lead to Attention Problems in Adolescence? Results from a prospective longitudinal study", *Pediatrics*, 120(3), 2007, pp. 532-537.

são apenas prejudiciais em crianças abaixo dos 2 anos, mas também podem perdurar no tempo.

Portanto, a tela não contribui para o bom desenvolvimento das crianças pequenas. Muito pelo contrário. Os neuromitos, alimentados pelas empresas que comercializam produtos dirigidos a um público infantil, afastaram-nos da realidade da aprendizagem das crianças.

4
Os nativos digitais, uma "raça diferente": o caso da multitarefa

"Há tempo suficiente para tudo, ao longo de um dia, se fizeres uma só coisa de cada vez, mas não há tempo suficiente num ano se fizeres duas coisas ao mesmo tempo."

Conselho de Lorde Chesterfield ao seu filho

Muitos de nós estamos convencidos de que os nossos filhos, por serem nativos digitais, são melhores do que nós para fazer muitas coisas ao mesmo tempo ("multitarefa"). A multitarefa é uma das grandes promessas do nosso tempo. Lógico. Se podemos fazer duas coisas ao mesmo tempo, então podemos fazer as coisas em metade do tempo, ou podemos fazer uma coisa duas vezes no mesmo tempo em que antes fazíamos uma só. Logicamente, isso é muito atraente, porque vemos, nessa nova modalidade de trabalhar e de prestar atenção, um melhor aproveitamento do tempo e, portanto, uma melhoria da produtividade. No entanto, um estudo realizado pela consultora de investigação Basex revela que a multitarefa custou à economia norte-americana 650 milhões de dólares

Educar na
realidade

em 2007 devido à perda de produtividade[1]. Como pode ser isso? Podemos realizar duas atividades ao mesmo tempo? Pode uma pessoa mastigar uma goma de mascar ao mesmo tempo que anda? Se aprendeu a andar e treinou para isso, e se não é a primeira vez que mastiga uma goma de mascar, a resposta é afirmativa, porque ambas as atividades são relativamente automáticas. Não exigem um processamento da informação e, portanto, realizam-se de forma automática, como espirrar ou bocejar. Dito isto, pode uma pessoa realizar ao mesmo tempo duas ou mais atividades que requerem o *processamento de informação*? Por exemplo, podemos ler o nosso correio, ouvir as notícias no rádio e ver um filme ao mesmo tempo que atendemos uma chamada telefônica e prestamos atenção a um filho? Talvez possamos fazer "figura de corpo presente" simultaneamente em todas essas atividades, mas podemos, realmente, lidar com todas ao mesmo tempo? O que os psicólogos e os neurocientistas têm dito, de forma sistemática, nos últimos 15 a 20 anos, e não há provas que ponham isto em causa, é que as atividades que exigem o processamento de informação não se podem realizar simultaneamente, ou em paralelo, mas sim sequencialmente. Como dizia Einstein:

> Não podemos conferir um sentido absoluto ao conceito de simultaneidade; no seu lugar, dois acontecimentos considerados simultâneos, quando observados a partir de um sistema de

---

[1] S. Sohr, "Slow Down, Brave Multitasker, and Don't Read This in Traffic", *The New York Times*, 25 de março de 2007.

coordenadas particular, não podem continuar a ser considerados simultâneos quando observados a partir de um sistema que está em movimento relativo em relação àquele sistema.

Para passar de uma atividade para outra, devemos *oscilar*, ou seja, tirar o foco de atenção de uma tarefa e voltar a pô-lo noutra. E se realizamos várias tarefas ao mesmo tempo, oscilamos entre todas elas, mas não as fazemos de forma paralela. Conclusão? A multitarefa, longe de ser uma promessa, é mais um mito, uma crença popular bem implantada na nossa sociedade. E esse mito está sendo alimentado pela crença de que os nativos digitais são melhores na multitarefa do que os adultos, o que é falso. Também eles oscilam entre as diferentes atividades tecnológicas que realizam, e essa oscilação tem o mesmo custo que tem para os adultos.

No entanto, apesar desses dados, podemos continuar pensando que os nativos digitais o fazem melhor. Recorremos ao argumento da plasticidade do cérebro, pensando que eles "se adaptam a tudo" até ao infinito. Talvez pensemos:

De acordo, não podem fazer várias coisas ao mesmo tempo, OK. Mas como o fazem muito e muito frequentemente, é lógico que sejam melhores na multitarefa do que nós.

Podemos pensar que devem ter uma melhor memória de trabalho (que é a memória de curto prazo), que devem oscilar com mais rapidez de uma tarefa para outra (desfocar e voltar a focar) e que devem ser melhores para filtrar a in-

Educar na
realidade

formação relevante daquela que não é. Pelo menos, essa é a crença popular. É mesmo assim?

Em 2007, um estudo realizado pela Universidade Stanford[2] analisou o que alguns alunos universitários, "que faziam multitarefa tecnológica de forma intensa", faziam melhor do que os restantes. O estudo questionava se os jovens que faziam uma "multitarefa intensa" eram melhores do que os que não a faziam, nos seguintes parâmetros:

> Memória de trabalho.
> Capacidade de oscilar a atenção com agilidade entre várias tarefas.
> Capacidade de filtrar a informação segundo um critério de relevância.

Então, em que eram melhores os alunos que realizavam multitarefa tecnológica? Os dados do estudo concluíram que *os que fazem multitarefa tecnológica obtiveram piores resultados em todos os parâmetros*. O resultado da multitarefa é que as atividades que tentamos fazer "ao mesmo tempo" recebem menos atenção, uma vez que temos de recuperar a sequência de ideias que cada pensamento exige de cada vez que desviamos a atenção de uma atividade para outra. Esse é o motivo pelo qual o Prémio Nobel da Economia Herbert Simon dizia: "O que a informação consome é bastante óbvio, consome a atenção dos seus destinatários. Portanto, uma abundância de

---
2 E. Ophir, C. Nass e A. D. Wagner, "Cognitive Control in Media Multitaskers", *PNAS*, 106(37), 2009, pp. 15583-15587.

informação cria um empobrecimento da atenção". Quanto à memória de trabalho, uma pessoa não trabalha eficazmente quando a sobrecarregamos com informação.

Então, os nossos filhos são mais inteligentes por serem nativos digitais? Pois... não. Um estudo[3] que compara vários parâmetros cognitivos conclui que, hoje, uma criança de 11 anos tem um rendimento ao nível de uma criança de 8 ou 9 anos de há... 30 anos! É preciso ver que papel podem ter tido os neuromitos, as telas e a multitarefa nessa mudança.

Clifford Nass, fundador e diretor do Communication between Humans and Interactive Media Lab, laboratório que desenvolveu o estudo sobre a multitarefa, disse:

> É realmente preocupante, mas ainda não conseguimos encontrar uma só coisa que aqueles que fazem multitarefa tecnológica realizem melhor do que aqueles que não a fazem." E acrescenta: "Há rejeição face às conclusões, mas não há surpresa.

Não há surpresa, porque se sabe, há décadas, que a multitarefa é uma crença popular, um mito. De fato, os estudos já falam do custo cognitivo da multitarefa[4]. Uma conclusão assustadora desse perito mundial em multitarefa

---

3 M. Shayer, D. Ginsburg e R. Coe, "Thirty years on – a large anti-Flynn effect? The Piagetian test Volume and Heaviness norms 1975-2003", *Br. J. Educ. Psychol.*, 77, 2007, pp. 25-41.

4 L. L. Bowman, L. E. Levine, B. M. Waite e M. Gendron, "Can students really multitask? An experimental Study of instant Messaging while Reading", *Computers and Education*, 54(4), 2010, pp. 927-931.

Educar na
realidade

é que "os que praticam a multitarefa estão apaixonados pela irrelevância". Isso quer dizer que não sabem "porquê" nem "para quê" fazem o que fazem. O que acontece quando uma criança ou um adolescente perde o sentido da relevância? Pode uma criança motivar-se sem "sentido de relevância"? Isso leva-nos a um tema-chave, central e determinante na educação, tanto na escola como em casa: o delicado caso da motivação.

5
O caso da motivação

> "É que não me dá vontade."
>
> A criança/adolescente "desmotivado"

Um dos argumentos a favor do uso das NT na infância é a motivação para a aprendizagem que produz na criança. De fato, existem muitos estudos sobre o uso de *tablets* nas aulas que reportam um aumento da motivação nos alunos que os usam. Mas de que tipo de motivação estamos falando? Para poder responder a esta pergunta, devemos distanciar-nos e parar um pouco para analisar a *motivação*. A motivação é um assunto muito complexo. Tão complexo como o próprio ser humano. E não apenas no plano educacional, mas também no familiar, empresarial, político etc. Na vida, em geral.

O assunto da motivação é encarado de forma diferente no sistema escolar segundo a postura *a priori* que adotamos em face da pessoa. Depende do nosso quadro antropológico, da forma como concebemos a pessoa. Existe um leque de posturas, bem como várias gradações para cada uma delas, das quais detalharemos três.

Educar na *realidade*

A motivação externa

> "Dá-me uma dúzia de crianças saudáveis, bem-formadas, e garanto que posso escolhê-las ao acaso e treiná-las até convertê-las em qualquer tipo de especialista [...]."
>
> John Watson

Algumas pessoas pensam que a criança se motiva à base de estímulos externos. Essa postura chegou-nos pela mão do behaviorismo ou comportamentalismo. Segundo esta escola, tudo é programável e o aspecto voluntário é irrelevante porque, para aprender, a criança seria completamente dependente do seu contexto. Segundo essa postura mecanicista, a criança é um recipiente vazio que vamos enchendo. A educação reduzir-se-ia a "treinar hábitos" (como mera repetição mecânica de ações), tal como se reflete na promessa, citada antes, de John Watson, e a "bombardear com informação". Segundo este ponto de vista, a criança depende única e exclusivamente do que a rodeia para aprender. O paradigma "mais é melhor" serve como uma luva ao behaviorismo, que foi e continua sendo um terreno fértil para os neuromitos enumerados anteriormente. O behaviorismo põe ênfase na acumulação de informação (conhecimento), no comportamento externo (habilidades e hábitos mecânicos) e nas respostas emocionais e físicas visíveis, em vez de dar importância aos estados mentais internos, como os motivos pelos quais agimos, que são muito mais complexos. Para o behaviorismo, a interioridade da pessoa é irrelevante, ou, pura e simplesmente, não há interioridade.

A premissa do behaviorismo é que a criança não tem interesse em aprender por si mesma, é preciso inculcar-lhe isso de fora para dentro, à base de prêmios e castigos. Esta postura não reconhece uma atração natural rumo ao bem, ao verdadeiro e ao belo. O enfoque educacional é parecido com aquele que se usa com os golfinhos que fazem espetáculos nos jardins zoológicos. Quando os golfinhos o fazem bem, recebem uma recompensa, como umas anchovas. Caso contrário, não recebem recompensa, ou podem receber um castigo, por exemplo, ficar com fome. Mais do que um enfoque educacional, os métodos inspirados no behaviorismo executam na criança uma espécie de adestramento ou treino técnico. Em suma, esta teoria leva a uma motivação "externa", que faz com que a criança dependa de uma fonte externa.

A motivação externa não é sustentável no tempo, porque, no momento em que se retira o fator externo de motivação, a criança oscila entre o estado de aborrecimento e o de ansiedade e sente-se "desmotivada". Este tipo de motivação cria dependência e apatia vital na criança, porque não desperta nela nenhum desejo interno, à margem das recompensas imediatas.

Um ambiente educacional que fomenta a motivação externa "produz" adolescentes e adultos movidos exclusivamente pelo interesse próprio. Fazem as coisas unicamente

Educar na
realidade

porque lhes pedem e apenas na medida em que lhes seja dada alguma coisa em troca (dinheiro, recompensa, um favor, fama etc.). Numa sociedade em que as pessoas se movem por motivações externas, tudo tem um preço e um componente econômico, não há nada gratuito. O ato de dar rege-se por uma lei de mínimos. Em vez de compaixão, há tolerância. Em vez de generosidade, há cumprimento. Em vez de agir em consciência, age-se por conveniência. A ética reduz-se ao que é legal. A cordialidade é entendida como bajulação e o evasivo "tudo bem?" espera não ter de deparar-se com nenhuma resposta demasiado comprometedora.

Mas a motivação externa é efémera e de curto prazo. Como bem dizia Horace Greeley: "O professor que tente ensinar sem inspirar no aluno o desejo de aprender está tentando forjar um ferro frio".

A motivação interna

> "A alegria de aprender é tão indispensável para o estudo como o respirar é para correr."
>
> Simone Weil

Segundo a postura da motivação interna, a criança não é apenas uma mera resposta automática aos prêmios ou aos castigos. A motivação interna nasce do desejo de contribuirmos para nós próprios. A criança é motivada pela curiosidade, o sentido da responsabilidade ou pela consciência de fazer um trabalho bem-feito. Esta motivação interna faz com que ela seja movida por si mesma, sem que haja sempre uma recompensa material ou externa associada à tarefa realizada. É suficiente a satisfação ou o prazer que lhe produz o fato de ter deixado um trabalho bem executado, de ter assumido as suas responsabilidades ou de ter aprendido algo novo. Nesse sentido, essa postura defende que a criança pode e deve ser a protagonista da sua educação.

Quando tem motivação interna, a criança age para si mesma, para melhorar como pessoa, para aprender etc. No âmbito do trabalho, para um funcionário, esse paradigma é associado à busca de valorização pessoal ou profissional. Mas esse modelo, ainda que constitua uma clara melhoria ante o modelo anterior, não é suficiente, porque não leva em consideração o "porquê" e o "para quê" de se fazer o que se faz. Na verdade, a criança age por si e não necessariamente pelos outros.

A motivação transcendente

> "Não há ventos favoráveis para quem desconhece o seu destino."
>
> Aristóteles

> "Se queres construir um barco, não peças aos homens que procurem madeira, nem lhes dê ordens, nem dividas o trabalho. Em vez disso, ensina-lhes a desejar o eterno e belo mar."
>
> Antoine de Saint-Exupéry

Educar na
realidade

A motivação transcendente constrói-se sobre a base da interna e diz respeito a uma motivação de serviço, de contribuição para com os outros. Na motivação transcendente, a criança não só faz as coisas para si mesma, como age a partir do sentido, pensando nos "para quê" e nos "porquê" das suas atuações. Mede as consequências que terão as suas ações nos outros. Chama-se "transcendente" porque acarreta motivos que vão além da pessoa, como os ideais de verdade, bondade e beleza. A motivação transcendente está a serviço desses motivos; a pessoa que age segundo este nível de motivação não age só por si mesma, mas sim movida por um ideal do bem, da verdade e da beleza.

Por exemplo, dois mais dois são quatro. Não são quatro porque alguém me disse, ou porque aprendi de memória, mas sim porque sei que é verdade. É algo que se sustenta por si mesmo. O meu professor ajudou-me a encontrar essa verdade, não me empurrou para ela. Tenho de ser mais compreensivo, não só porque o professor me diz, ou por medo de um castigo, mas sim porque sei que isso é bom e escolho-o pelo bem em si. Só nesse caso a ação é verdadeiramente livre.

"A beleza é a expressão visível da verdade e da bondade", dizia Tomás de Aquino. Essas três características têm, por si só, força suficiente porque dão sentido às aprendizagens, e as crianças procuram, continuamente, sentido em tudo o que fazem. No entanto, o trabalho do professor consiste em ajudar a criança a encontrar a beleza que existe naturalmente na verdade e na bondade, tornando-a amável. Como dizia Platão, o objetivo da educação é "ensinar a desejar o desejável". Por exemplo, quando uma criança observa o seu professor enquanto este está sendo compreensivo com outra criança, ela vê isso como algo belo. Transmitir a beleza que há na verdade e na bondade não está ao alcance de todos; talvez seja isso, ao fim e ao cabo, o que distingue um educador excelente de outro.

A verdade, a bondade e a beleza dão sentido às ações. Dão sentido à educação. Mas em que consiste o sentido e por que deve ser o motor da educação?

6
O sentido

"– Mamã, vou pedir um dente ao Pai Natal.
– Por quê?
– Porque quero dar uma prenda à Fada dos Dentes. Ela gosta muito de dentes."

Menina de 3 anos

"O segredo da existência humana não está apenas em viver, mas também em saber para que se vive."

Fiodor Dostoievski

As crianças estão sedentas de sentido, precisam dele. É isso que as leva a interessarem-se pelo que as rodeia, a querer aprender.

Professora: Agora vão fazer um desenho para os seus pais.
Menino: Eu não quero.
Nesse momento, a professora lembrou-se de que ambos os pais do menino são cegos.
Professora (para o menino): Vamos fazer buraquinhos para marcar todas as linhas do teu desenho, assim os teus pais vão poder sentir o desenho com os dedos, de acordo?
Logo de seguida, o menino pôs-se a desenhar com grande entusiasmo, preenchendo a folha branca com formas lindíssimas.

Educar na
realidade

Uma educação que não dá respostas aos "porquê" e aos "para quê" das crianças não é uma educação, é um absurdo adestramento alimentado por motivações externas. Por exemplo, é correto o que assinala George Lowthian Trevelyan: "A educação conseguiu fazer com que as pessoas aprendam a ler, mas é incapaz de assinalar o que vale a pena ler." Perdemo-nos nos meios e procuramos ali a perfeição, em vez de o fazermos nos fins.

O sentido é o fim. Na educação, o fim é o que dá sentido às aprendizagens. Então, qual é o fim da educação?

Immanuel Kant dizia que "a educação é o desenvolvimento no homem de toda a perfeição de que é capaz a sua natureza". Platão dizia que "educar é dar ao corpo e à alma toda a beleza e perfeição de que são capazes".

Mas o que é a perfeição? Em que consiste?

Aristóteles dizia que a perfeição é aquilo que alcançou o seu fim, por ser completo. Saint-Exupéry dizia que é aquilo a que não se pode tirar mais nada. Ambos parecem dizer coisas contraditórias, mas ambos podem querer dizer o mesmo, se considerarmos que Tomás de Aquino definia uma coisa perfeita como aquela que "possui o que é capaz de possuir, em virtude da sua natureza". Nem mais, nem menos. Para ilustrar isto, podemos usar a metáfora de um copo de vidro. A perfeição consiste em encher o copo de vidro. Mas o tamanho do copo é o que é. Marcado pela nossa natureza. Por muito plástico que seja o nosso cérebro, não pode modificar a nossa natureza. E quando pomos no copo, à força, objetos que não cabem, ele pode partir-se.

Em suma, aspirar à perfeição consiste em percorrer um caminho que contemple a perfeição de que é capaz a nossa natureza. Portanto, preencher as rugas com botox para esconder a passagem dos anos não entra na categoria da perfeição dentro da nossa natureza. E também não ocupar as crianças em coisas que a sua natureza não permite, por exemplo, aprender a ler com um ano, fazer os trabalhos de casa ao mesmo tempo em que joga *video game* aos 12, ou memorizar 20 nomes de cães em dois minutos. Como vimos anteriormente, quando falamos dos neuromitos, todos os produtos que pretendam "forçar" as crianças a uma perfeição de que a sua natureza não é capaz – fazer ao mesmo tempo muitas coisas que requerem processamento de informação, bombardeá-los com dados para "melhorar a inteligência", adiantar etapas, substituir o humano pelo digital etc. –, que os privam do que a natureza reclama – relações interpessoais reais, vinculação, contato com a realidade – ou que fomentam motivações externas, não têm lugar no mundo educacional. Esses produtos não trazem sentido às aprendizagens porque são alheios aos seus fins, ao que é verdadeiro e bom para a sua natureza.

Nesse sentido, a obsessão pela utilidade e produtividade na educação, que se materializa num cuidadoso planejamento e execução ante a objetivos arbitrários, como, "subir nos *rankings*", frequentemente diminui a importância de outras áreas da educação, como as artes, uma vez que se consideram inúteis.

— Sócrates, para que te serve aprender a tocar lira se vais morrer?
— Para tocar lira antes de morrer.

O critério da utilidade pode ser uma armadilha. Útil para quê, para os *rankings*? Estes são elaborados com base em que critério? Se a utilidade não remete para os objetivos da educação, não tem sentido. Por outro lado, se algo é belo, pode ser que tenha sentido por si mesmo, apesar de não ter utilidade aparente.

A felicidade e a alegria são outras armadilhas. Vemo-las como metas. Na verdade, a felicidade é um estado de plenitude que é uma consequência, não é um meio nem um fim. Quantas conferências e debates escutamos e quantos livros já lemos, depois de termos sido pais ou mães, que nos vendiam a receita "perfeita" para conseguir crianças felizes e alegres ou famílias felizes e alegres? Conferências e livros nos quais abundam as fórmulas e os roteiros. Erich Fromm alerta: "Se não és feliz com tudo o que tens, também não o serás com tudo o que te falta." A felicidade é algo mais profundo e complexo do que uma meta estruturada à qual as famílias supostamente "perfeitas" se propõem chegar; é a consequência de uma vida plena e com sentido. Se não há sentido, não há felicidade verdadeira. E quando há sentido, pode haver felicidade, apesar do sofrimento e das dificuldades. Os mitos educacionais contribuíram para que nos afastássemos do que é verdadeiro, benéfico e belo para as crianças. Levaram-nos a procurar a perfeição no lugar errado, despojaram as crianças dos seus motivos internos e incapacitaram-nos de ter motivos transcendentes. De alguma forma, a criança pode, inconscientemente, formular a seguinte pergunta: Para que aprender se o objetivo da aprendizagem é ter uma inteligência, uma memória da qual não sou capaz? Para que aprender se essa aprendizagem não me dá oportunidade de ficar em sintonia com o que a minha natureza pede? Nesse sentido, a alegria é um termômetro que nos indica se o que a criança faz tem ou não sentido.

Em suma, educar para a perfeição é educar com realismo. Não podemos pedir a um pássaro que nade pelos fundos marinhos ou a uma margarida que cresça numa árvore. Portanto, o que a nossa natureza admite é um mapa de estradas interessante para uma educação com sentido.

Em algumas ocasiões perguntei os motivos pelos quais se fazem algumas coisas na escola e a resposta foi: "Não sei, mas também não está fazendo mal nenhum, certo?" Então, em seguida, pergunto-me: "Mas que sentido tem isto?" Nada é irrelevante na educação, porque, se uma coisa está alinhada com os seus fins – alcançar a perfeição de que é capaz a nossa natureza –, tem sentido. Caso contrário, não teria sentido, não seria nem verdadeiro, nem bom nem belo para as crianças e para os jovens.

Tomemos, por exemplo, a disciplina. A disciplina apenas tem sentido se está alinhada com os objetivos da

Educar na
realidade

educação. E este alinhamento por vezes não se dá porque damos excessiva importância a coisas que não a têm e não a damos a outras que têm. Por exemplo, não é um pouco incongruente que tiremos à força a chupeta e a boneca de uma menina de 2 ou 3 anos, e que, em vez de a deixarmos brincar, a obriguemos a permanecer sentada em silêncio atrás da linha vermelha, vendo, passivamente, passar *bits* de inteligência numa tela, enquanto dez anos depois a deixamos chegar tarde às aulas, vestida como se fosse para a praia, e compartilhar *selfies* da sua última festa no Facebook, através do seu *smartphone* de 1.800,00 reais, ao mesmo tempo que o professor está falando com a turma? E que sentido faz as crianças passarem várias horas letivas vendo comerciais que não têm qualquer fim educacional, que são puro entretenimento, para depois os carregarmos com mochilas de dez quilos, das quais tiram três horas de trabalhos para fazer em casa?

 A escola deveria ser um local sagrado, e tem mesmo de ser, porque se trata do lugar em que as pessoas se encontram com a verdade, a bondade e a beleza. Dizia Kolakowski: "A cultura que perde o sentido do *sacrum* perde o sentido por completo." Para que isso não aconteça, precisamos de professores que encarnem essas qualidades, porque a beleza só se transmite através da beleza.

7
Acesso precoce às novas tecnologias: a mão invisível

"Em relação à propaganda, os antigos defensores da instrução universal e da imprensa livre previam unicamente duas possibilidades: a propaganda podia ser verdadeira ou podia ser falsa. Não previam o que, na verdade, veio a suceder, sobretudo nas nossas democracias capitalistas ocidentais: o desenvolvimento de uma vasta indústria de comunicação em massa, interessada, principalmente, não no verdadeiro ou no falso, mas sim no irreal, no mais ou menos totalmente fora do lugar. Em suma, não levaram em conta o quase infinito apetite de distrações que o homem tem."

ALDOUS HUXLEY

"Os princípios em que se baseia este tipo de propaganda são extremamente simples. Encontre-se algum desejo corrente, algum temor difundido ou ansiedade inconsciente; imagine-se algum modo de relacionar este desejo ou medo com o produto que se quer vender; construa-se uma ponte de símbolos verbais ou pictóricos através da qual o cliente possa passar do fato a um sonho compensatório e do sonho à ilusão de que o nosso produto, uma vez adquirido, converterá o sonho em realidade."

ALDOUS HUXLEY

Educar na *realidade*

Em princípio, todos os pais querem o melhor para os seus filhos. Ninguém compra um *tablet* ou um *smartphone* aos seus filhos pensando que isto "vai prejudicá-los". Todos queremos pensar bem e confiar que eles farão um bom uso dessas ferramentas. Ou, pelo menos, gostamos de pensar que o farão. Todos o fazemos por motivos que consideramos nobres. Fazêmo-lo para que possam ter as mesmas oportunidades de relações interpessoais que os seus amigos, para que não percam o trem da tecnologia, para que sejam inovadores neste sentido, para ensinar-lhes o quanto antes a usar as novas tecnologias (NT) de forma responsável, para que não sejam o "bicho raro" da turma ou para que possam estar sempre localizáveis, em caso de algum imprevisto. Adiante falaremos de todos esses argumentos.

Com que idade os meninos da Espanha começam a navegar na internet, com que idade têm o seu primeiro celular ou *smartphone*? Uma sondagem recente do INE[1] indica que 89% das crianças de 10 anos navega na internet e 24% têm celular. Aos 12 anos, as percentagens sobem para 92% e 64%, respectivamente, de maneira que podemos afirmar que a idade de introdução do celular na Espanha é aos 12 anos. A evolução dos resultados, segundo a idad, sugere que o uso da internet é uma prática maioritária em idades inferiores aos 10 anos e que muitas crianças têm celulares antes dessa idade. Uma pesquisa realizada na Espanha por uma operadora de

---

1 INE, *Encuesta sobre equipamiento y uso de tecnologías de información y comunicación en los hogares*, comunicado à imprensa, 2 de outubro de 2014.

telecomunicações[2], entre crianças e jovens dos 10 aos 16 que usam *smartphones* e seus pais, confirma que a idade média de introdução desses aparelhos móveis diminuiu agora para os 13 anos. Qual é o detonante da decisão de compra desses dispositivos para os nossos filhos?

O que chama a atenção nessa pesquisa é que em 40% dos casos o *smartphone* é dado ao filho como herança – por exemplo, outro membro da família compra ou recebe de uma operadora um modelo mais atual e dá o anterior à criança – ou como oferta de uma terceira pessoa ou da operadora. Quem não recebeu um telefonema da operadora oferecendo uma promoção extremamente atraente em troca da contratação de uma linha adicional para um filho? E rapidamente pensamos: "Ótimo, poderemos ter o nosso filho localizável a qualquer momento, vamos usar o celular só para isso." Normalmente aceita-se a promoção no momento da chamada e a decisão é tomada sem parar para pensar nas implicações de ter acesso à internet a qualquer hora. Então, a criança começa com as chamadas, a navegação, a ligação ao *wifi* na rua – que é onde os jovens mais consultam o seu celular. E deparamo-nos com o dilema de verificar de vez em quando o histórico, mas não o fazemos porque se o fizéssemos nos sentiríamos uns "maus pais". Por outro lado, intuímos os riscos... A criança fica cada vez mais presa ao celular e apercebemo-nos de que isto não era o que tínhamos planejado inicialmente. Mas já é muito tarde

---

2 Orange e Inteco, *Estudio sobre hábitos seguros en el uso de* smartphones *por los niños y adolescentes españoles*, novembro de 2011.

Educar na
realidade

e não vemos outra opção que não seja a de "confiar", porque pensamos que não tem volta, que "é uma batalha perdida".

    Sem nos darmos conta, e convencidos de que agimos como "bons pais", talvez tenhamos caído na estratégia comercial da operadora de telecomunicações. O que pretendem estas empresas? A resposta está ao alcance de todos, no Relatório Anual que todas as empresas de telecomunicações preparam para os seus investidores. Nesse documento, encontramos a coluna vertebral do modelo de negócio de cada empresa de telecomunicações, que se reflete numa série de indicadores: aumentar o número de clientes, de aplicativos, de consumo de conteúdos pagos, de tempo passado em chamadas e em ligação à internet etc. A boa evolução destes indicadores é imprescindível para que consigam um bom índice na bolsa, o qual permite o financiamento da empresa, e, em última instância, a sua sobrevivência. Para isso é preciso comercializar dispositivos que fascinem e conquistem o usuário. O próprio Steve Jobs dizia: "Fizemos os botões da tela de modo tão atraente que as pessoas terão vontade de lambê-los." E é preciso desenvolver aplicativos e conteúdos que conquistem. Quais são os usuários que mais facilmente se deixam conquistar? As crianças e os jovens, sem dúvida, porque as suas mentes ainda são, em maior ou menor medida, relativamente imaturas.

    Por outro lado, os fornecedores de conteúdos na internet – filmes, música, notícias, aplicativos etc. – estão cada vez menos no negócio de vender conteúdos. Que quer isto dizer? Já é muito conhecida a afirmação de que a indústria dos *media* não está no negócio de entregar conteúdos aos seus clientes, mas sim no de entregar clientes aos que patrocinam os seus conteúdos – os seus fornecedores de publicidade.

São precisamente essas empresas de publicidade que cobrem as telas com as suas marcas e as suas animações publicitárias. Em resumo, todas essas empresas estão no negócio de encontrar consumidores e patrocinadores – as empresas de publicidade – de e para os seus conteúdos. Portanto, a internet é principalmente uma ferramenta comercial. Em 1996, numa entrevista à *Wired*[3], Steve Jobs afirmou que os grandes ganhadores da *web* não são os que "compartilham", mas sim os que vendem.

Não se trata de um juízo de valor às empresas. Já sabemos que estas não têm intenções porque não são de carne e osso. As empresas seguem uma lógica econômica e os seus dirigentes estão a serviço dessa lógica, especialmente se elas estão cotadas na bolsa, uma vez que, nesse caso, os dirigentes também estão obrigados a maximizar o valor aos seus acionistas no curto prazo. Por este motivo, pode existir uma espécie de triste esquizofrenia entre o que os seus dirigentes acreditam pessoalmente – não deixar que os seus filhos usem as NT durante a infância, pô-los em escolas que não usam computadores etc. – e o que fazem as suas empresas: fomentar a venda de dispositivos (*smartphones*) que expõem

---

3 G. Wolf, "Steve Jobs: The Next Insanely Great Thing (continued)", *Wired*, 4 de fevereiro de 1996.

os menores a conteúdos pouco apropriados, patrocinar empresas que vendem aplicativos que exploram os neuromitos para convencer os "bons pais" a informatizar os seus filhos o quanto antes etc. Por outro lado, é essa mesma indústria que, sob a bandeira da "responsabilidade social corporativa", patrocina grande parte das investigações sobre as NT e a maioria dos congressos de educação, paga os honorários dos oradores em congressos e investe em publicidade, cujos gastos constituem uma importante porcentagem das receitas dos meios de comunicação. Num óbvio conflito de interesses, todos difundem os benefícios das NT através desses mesmos *media*, congressos e estudos, criando assim um estado de opinião favorável aos seus interesses econômicos. Desse modo, cumpre-se a triste afirmação do economista Milton Friedman: "A responsabilidade social dos negócios consiste em aumentar os lucros."

Na prática, nem sempre é assim, porque ainda há empresas cujos dirigentes agem de forma consciente e pensam no bem comum, pessoas que entendem que as empresas são importantes para o desenvolvimento econômico e social da nossa sociedade e assumem que não existe uma contradição entre conseguir lucros e criar valor para o cliente e para os funcionários. Esses dirigentes entendem que a chave da sustentabilidade da sua empresa está em obter bons resultados, fazendo as coisas bem e criando valor para o cliente (*doing good and doing well*).

Apesar disso, a filosofia de Friedman continua inspirando muitas empresas, o que não deixa de ser absurdo, pois a busca do interesse próprio, típica dessa filosofia, produz apenas uma motivação externa nos seus funcionários. Esse tipo de motivação não é exatamente a mais produtiva numa empresa, porque não está associada nem à lealdade nem ao compromisso. Vemos então que não são só os nossos filhos ou os nossos alunos que precisam de uma injeção de ânimo interno e transcendente, o mundo empresarial também precisa. O sistema educacional pode ser a correia de transmissão para que essas motivações consigam transformar o mundo empresarial num mundo mais solidário, respeitoso e, sobretudo, mais responsável, o que é compatível com o fato de as empresas procurarem lucros, mas não a qualquer preço.

Ainda assim, Friedman afirmava que

> o negócio dos negócios é fazer negócios" e que "a responsabilidade do executivo é gerir os negócios de acordo com os desejos dos seus accionistas, que, geralmente, são ganhar o máximo de dinheiro possível, cumprindo as regras básicas da sociedade, tanto as que estão estabelecidas nas leis como aquelas plasmadas nos costumes éticos.

Em outras palavras, os fins justificam os meios desde que ninguém desrespeite a lei. Ou seja, se a minha operadora mantiver essa triste filosofia empresarial, não está a serviço dos meus interesses como pai, mas sim exclusivamente a serviço dos interesses dos donos das suas ações, que são uns senhores com fatos cinzentos que trabalham num banco ou num fundo de investimento enquanto jogam na bolsa com o dinheiro de

Educar na *realidade*

outros senhores que passam o dia fumando charutos usando pantufas em Londres, ou navegando nos seus iates privados pelas Ilhas Turcas. São eles os primeiros interessados em que contratemos uma linha adicional em casa.

Em suma, é bom que nós, os pais, não deixemos que a mão invisível do mercado condicione os nossos critérios educacionais e que voltemos a pegar nas rédeas do assunto tecnológico, tendo em conta que a lógica comercial que acabamos de expor tem grande influência sobre nós, sobre os nossos filhos e sobre todo o sistema, incluindo, por vezes, o setor educacional. Para isso, precisamos de dados, informação, fatos reais. Para educar na realidade, temos de estar a par da realidade. É isso que vamos tentar fazer nas próximas páginas.

8
As novas tecnologias, um trem que as crianças não podem perder!

> "A novidade é um conceito comercial, não um conceito estético."
>
> Eva Zeisel

> "(As novas tecnologias – NT) sabem que serão obsoletas depois de amanhã, por isso não pretendem ser outra coisa que não aquilo que são."
>
> Tom Holt

Ouvimos frequentemente argumentos como os que se seguem: "Nossos filhos não podem ficar para trás no âmbito tecnológico", "Não podem perder o trem da tecnologia", "Isto é o futuro", "Têm de adquirir as competências digitais para ser competitivos no mundo de amanhã" etc.

Recordo-me que quando tinha uns 10 anos (na década de 1980), ao subir com a minha mãe no teleférico de uma estância de esqui no Canadá, vimos à nossa frente um senhor falando em um celular do tamanho de um sapato. Foi algo surpreendente e causou-nos admiração, porque era uma grande novidade. Foi a primeira vez que vi um telefone ce-

Educar na
realidade

lular. Era ostensivo, fabricado pela Ericsson e "de primeira geração (1G)", devia pesar aproximadamente um quilo. Ter um daqueles era motivo de orgulho e um sinal de vanguarda. O celular ainda não se tinha popularizado.

Na década de 1990 chegou a segunda geração (2G) de dispositivos digitais móveis e, com ela, a sua popularização.

Com o terceiro milênio chegaram os celulares de terceira geração (3G), o que popularizou o acesso móvel à internet. Nesses anos, tive a oportunidade de trabalhar como conselheira sênior numa empresa canadense de telecomunicações, cotada na bolsa de valores – a Microcell, empresa que, posteriormente, foi comprada pela Rogers, uma multinacional das telecomunicações – e vi, pessoalmente, a velocidade dos avanços tecnológicos no setor. O meu trabalho consistia, entre outras coisas, em negociar os contratos da empresa, incluindo os de compra de novos dispositivos. Entendi que a obsolescência tecnológica era parte do modelo de negócio do setor das telecomunicações. Para quem não está muito familiarizado com essa realidade, a obsolescência tecnológica dá-se quando um produto tecnológico cai em desuso devido à chegada de outro mais recente ou com uma tecnologia mais avançada. Nesse sentido, além da constante troca de tecnologia (1G, 2G e 3G), havia também uma corrida para lançar modelos cada vez mais sofisticados, que tornavam obsoletos os anteriores. É assim que se atraem os novos utilizadores, oferecendo continuamente os "últimos modelos", o que permite às empresas lucros sustentados e capital no mercado para a sua sobrevivência. Razão tinha McLuhan quando dizia que a obsolescência não significava o fim de algo, mas tão só o princípio. Esse é o modelo de negócio do setor das telecomunicações, que qualquer novato no mundo das empresas entende rapidamente.

Uma década depois chegou a quarta geração (4G) de celulares. De dez em dez anos, aproximadamente, surge uma nova. E se pensamos que a tecnologia da quarta geração é a última e definitiva, estamos enganados. Em 1902 também diziam que, "devido à ausência de melhorias radicais, podemos chegar à conclusão de que o automóvel praticamente alcançou o limite do seu desenvolvimento"[1].

Agora que fizemos esse breve histórico, podemos responder às seguintes perguntas: Era necessário comprar o modelo Ericsson tamanho sapato de primeira geração para depois ser capaz de usar, com agilidade, os modelos da segunda ou da terceira geração? É necessário dominar um modelo de terceira geração para poder usar um de quarta? A resposta é, sem dúvida, não. De fato, a tecnologia é cada vez mais fácil de usar. Se antes era praticamente necessário ser um engenheiro da NASA para fazer manusear um celular Ericsson de primeira geração, agora, devido à tecnologia, qualquer um pode manuseá-lo. É uma dinâmica de *plug and play* – ligar e jogar –, como indicam as empresas que vendem esses dispositivos. Portanto, faz sentido que os nossos filhos

---

[1] *Scientific American*, 2 de janeiro de 1909.

Educar na
realidade

dediquem boa parte da sua infância e a maioria dos seus anos escolares "aprendendo a usar as NT"?

Às vezes perdemos perspectiva, devido àquilo que Pankaj Ghemawat, um dos 50 pensadores do mundo dos negócios, descreve como uma espécie de adulação quase religiosa pela tecnologia. Essa febre tecnológica, que descreve como um "transe" – uma analogia com a música *techno*, caracterizada pela repetição e a escassa variedade de notas, e cujas 128 a 150 pulsações por minuto produzem efeitos sobre a atividade cerebral –, afasta-nos da realidade. O transe provoca um estado no qual se suspendem as funções mentais normais de uma pessoa. Esse estado pode fazer-nos perder a perspectiva e levar-nos a entender a mudança tecnológica como uma atitude de fascínio quase apocalíptico, que interpreta essa mudança como radicalmente determinante e reveladora do futuro.

Na história da humanidade, o transe tecnológico sempre esteve presente, não é um fenômeno novo. Wernher von Braun, um engenheiro espacial alemão, disse, durante a Segunda Guerra Mundial: "Estou convencido de que antes do ano 2000 veremos o primeiro bebê nascido na Lua." O explorador David Livingstone assinalou também que "a extensão e o uso dos comboios, dos barcos a vapor e do telegrama vão abolir as nacionalidades [...]"[2]. Um século depois, e apesar da introdução da internet e da telefonia móvel, 90% das chamadas, do tráfego *web* e dos investimentos no

---

2 D. Livingstone, *The Last Journals of David Livingstone, in Central Africa, from 1865 to his Death*, Cirencester, The Echo Library, 2005.

mundo, são locais[3]. É assim porque as pessoas necessitam de relações interpessoais reais. Precisamos estar sintonizados com a realidade e com a humanidade.

Esse transe tecnológico prometeu, mais de uma vez, "revolucionar a educação", uma promessa que, até hoje, a tecnologia ainda não cumpriu. Por exemplo, em 1921, Thomas Edison profetizava:

> O filme está destinado a revolucionar o nosso sistema educacional e, em poucos anos, vai substituir, bastante, se não mesmo completamente, o uso de livros escolares.

Em 1945, William Levenson, diretor da emissora das escolas públicas de Cleveland, dizia: "Os receptores de rádio serão tão comuns nas salas de aulas como os quadros de ardósia." Em 1994 dizia-se que "o uso dos CD nas salas de aula está aumentando a cada ano e promete revolucionar o que vai acontecer na sala de aula de amanhã"[4]. Portanto, temos de pôr as coisas em perspectiva para que o transe tecnológico não nos produza demasiada febre.

Nossos filhos vão perder o trem do avanço tecnológico se não dedicarem anos da sua infância e escolarização ao uso das NT? No ritmo atual da obsolescência tecnológica, o mais provável é que aconteça o contrário. Terão desperdiçado

---

[3] P. Ghemawat, "World 3.0: Global Prosperity and How to Achieve It", *Harvard Business Review Press*, 2011.

[4] P. Semrau e B. A. Boyer, *Using Interactive Video in Education*, Allyn and Bacon, Boston, 1994.

Educar na
realidade

anos-chave e únicos da sua educação aprendendo a usar umas tecnologias que, seguramente, serão obsoletas no momento em que chegarem ao mundo do trabalho.

Talvez agora entendamos melhor o motivo pelo qual muitos executivos de empresas tecnológicas multinacionais, com sede em Silicon Valley – conhecido por ser o berço das invenções tecnológicas e o epicentro da economia mundial –, mandam os seus filhos para uma escola de elite que se orgulha de não utilizar tecnologia nas suas aulas[5]. Os pais trabalham no eBay, na Google, na Apple, na Yahoo e na Hewlett-Packard. Os seus filhos nunca utilizaram o Google... Escrevem com papel e lápis, seus professores utilizam um quadro tradicional. Não há um único monitor em toda a escola e a escola desincentiva o seu uso em casa.

O argumento usado? O computador impede o pensamento crítico, desumaniza a aprendizagem, a interação humana e encurta o tempo de atenção dos alunos. Um dos pais, o senhor Eagle, graduado em Tecnologia e membro do Departamento de Comunicação Executiva da Google, diz:

> A minha filha, que está no quinto ano, não sabe usar o Google, e o meu filho, no oitavo ano, está começando a aprender. A tecnologia tem um tempo e um lugar [...]. É superfácil. É como aprender a usar pasta de dentes. Na Google e em todos esses sites tornamos a tecnologia tão fácil que qualquer um

---

5 M. Richtel, "A Silicon Valley School that doesn't Compute", *The New York Times*, 22 de outubro de 2011.

pode usá-la. Não há razão para que as crianças não consigam aprendê-la quando forem maiores.

E acrescenta: "A ideia de que um aplicativo ou um iPad podem ensinar o meu filho a ler ou ensinar-lhe matemática é ridícula." O senhor Eagle tem razão? Os *tablets* não podem ser uma boa ferramenta para aprender nas escolas? Que dizem os estudos sobre isto?

9
O uso de computadores nas aulas

"As aulas do século XXI serão digitais ou não serão aulas."

Frase fetiche dos defensores da digitalização das aulas

"É melhor debater uma questão sem resolvê-la do que resolver uma questão sem debatê-la."

PETRUS JACOBUS JOUBERT

Há anos que usamos aparelhos digitais interativos e agora há escolas que estão substituindo os livros escolares por *tablets*. Muitos pais têm dúvidas e questionam-se sobre as vantagens e as desvantagens dessa mudança. Os pais que recorrem à informação estão rodeados de argumentos a favor, mas são poucas as vozes que pedem uma atitude prudente e responsável ante a digitalização em massa nas salas de aula.

O que pouco se sabe e se diz é que, hoje, não existem provas suficientes que sustentem os supostos benefícios do uso dos *tablets* nas aulas. Num artigo do *New York Times*, "Aulas do futuro, resultados estagnados"[1], Tom Vander Ark, um ex-diretor da fundação de Bill Gates, também investidor

---

1 M. Richtel, "In Classroom of Future, Stagnant Score", *The New York Times*, 3 de setembro de 2011.

Educar na
realidade

em tecnologia aplicada à educação, ao referir-se aos benefícios da tecnologia nas salas de aula, reconheceu:

> Os dados são muito fracos. Quando nos pressionam para mostrar dados convincentes, torna-se muito complicado. E, ou mostramos, ou temos de nos calar.

Larry Cuban, professor emérito de Educação da Universidade Stanford, afirma, no seu *blog*, que

> não há provas [numerosos estudos que estabeleçam uma tendência] de que o uso do iPad possa melhorar os resultados em leitura ou em matemática, e também não há provas de que possa dar melhores oportunidades de trabalho depois da universidade.

No mesmo artigo do *New York Times*, o professor Cuban afirmou: "Há insuficiência de provas que justifiquem usar dinheiro nisso. Ponto. Ponto. Ponto."

Atualmente, a única coisa que há são estudos pontuais que não estabelecem nenhuma tendência a favor, a maioria deles financiada por empresas tecnológicas e que, em muitos casos, carecem de rigor: ausência de grupo de controle, preconceitos nos parâmetros estudados, indicadores subjetivos – "agrada mais aos professores", "motiva mais os alunos" etc.

Como já comentamos anteriormente, existe um parâmetro que sistematicamente sai bem posicionado em numerosos estudos sobre o uso de *tablets* nas salas de aula: a melhoria da motivação do aluno (*more engaged*). Disto assume-se que os alunos terão melhores resultados. No entanto, apesar de o "assumirmos", essa melhoria acadêmica nunca se comprovou com seriedade, diz Cuban, que dá a seguinte explicação:

> Existe um efeito novidade que os defensores das NT confundem com a motivação do aluno para aprender a longo prazo, mas o tempo passa e o efeito novidade desaparece." E acrescenta que, entretanto, "a asserção de que a motivação do aluno produz melhores resultados a longo prazo continua a ser uma asserção.

A que se deve este paradoxo entre "aumento de motivação" e "ausência de melhoria acadêmica"? Por que razão uma coisa não leva à outra? Para responder a esta pergunta, é preciso regressar ao tema da motivação. Já dissemos antes que há três níveis de motivação. Normalmente, podemos encontrar uma mistura de motivos nas pessoas. Para ilustrar isto, recorreremos a um exemplo simples. Há pouco tempo, um pai dizia-me que o seu filho lhe tinha pedido alimentos para levar à escola, para distribuir às famílias desfavorecidas. Na aula disseram aos alunos que a turma que trouxesse maior quantidade de alimentos ganharia uma bola. Nesse caso, havia uma mistura de motivos: motivação de serviço para ajudar os mais desfavorecidos e recompensa material, a bola. Essa mistura é boa? Muitos pais pensarão que sim, porque "tudo soma".

Num estudo[2] realizado ao longo de vários anos com 10 mil alunos comparou-se um grupo de estudantes com

---

[2] A. Wrzesniewski, B. Schwartz, X. Cong, M. Kane, A. Omar e T. Kolditz, "Multiple Types of Motives don't Multiply the Motivation of West Point Cadets", *PNAS*, 111(30), 2014, pp. 10990-10995.

Educar na
realidade

motivações mistas – internas e externas – outro com uma motivação principalmente interna. A pergunta dos investigadores era: Quantos mais motivos diferentes – internos e externos –, melhor? A resposta foi a seguinte: os motivos não se somam, competem entre si. Os pesquisadores encontraram mais êxito laboral no segundo grupo de pessoas que atuavam, principalmente, a partir de motivações internas, do que no grupo de alunos que atuavam com base em motivos mistos. A conclusão é que os motivos externos podem debilitar ou desmontar por completo os motivos internos. Portanto, dar recompensas materiais a crianças por terem feito os deveres pode, por exemplo, ter o efeito – ainda que não intencionalmente – de aplacar o seu desejo de aprender, o seu interesse pela matéria etc. E prometer uma bola aos que esvaziam a despensa de sua casa, em vez de suscitar nas crianças um sentimento de solidariedade para com os mais desfavorecidos, suscita mais a competitividade para conseguir um prémio, a bola. Em outras palavras, as motivações mais básicas, as mais "imperfeitas", eliminam ou impedem as mais elevadas, as mais nobres.

Nesse sentido podemos questionar-nos sobre os efeitos que têm os pontos conseguidos através dos chamados "jogos" educacionais proporcionados por alguns aplicativos na internet. Chamam-se "jogos", mas na realidade trata-se mais de "diversão" ou de "entretenimento". Num jogo, a criança age por iniciativa própria, a partir de uma motivação interna. Nesses aplicativos digitais supostamente "educacionais", a criança diverte-se dirigida por um programa e a diversão costuma estar associada a uma recompensa. Esses "jogos" motivam as crianças, mas têm efeito positivo sobre a aprendizagem? Se os estudos não são capazes de provar que melhoram os resultados acadêmicos, então talvez também desmantelem as motivações internas dos nossos filhos e fomentem neles meros motivos externos. Isso é motivo de preocupação.

Além disso, vários estudos alertam para os riscos de substituir o caderno pelo *tablet*. Todos sabemos que a capacidade de ler e escrever é essencial para o êxito acadêmico e que o primeiro passo para aprender a ler passa pelo domínio do reconhecimento das letras, e que, deste domínio, depende se os nossos filhos serão ou não bons leitores. Um estudo[3] no qual se observaram crianças de 7 anos aprendendo a ler comparou o aprendizado que conseguiram ao escrever à mão ao que conseguiram apenas observando as letras. O estudo reporta que a execução motora – escrever à mão – é a chave para a aprendizagem da leitura. Esse estudo confirma outro que concluiu que os movimentos específicos realizados na escrita à mão permitem reconhecer visualmente melhor as letras do que fazendo-o num teclado[4].

---

3 A. J. Kersey e K. H. James, "Brain activation patterns resulting from learning letter forms through active self-production and passive observation in young children", *Frontiers in Psychology*, 4, 2013, p. 567.

4 M. Longcamp, C. Boucard, J. C. Gilhodes, J. L. Anton, M. Roth, B. Nazarian e J. L. Velay, "Learning through hand – or typewriting influences visual recognition of new graphics shapes: behavioral and funcional imaging evidence", *J Cogn Neurosci*, 20(5), 2008, pp. 802-815.

Educar na
realidade

Noutro estudo concluiu-se que fazer anotações num teclado é menos eficaz para o aprendizado do que fazer anotações à mão, mesmo na ausência de fatores de distração e isolando o efeito "multitarefa"[5]. Outro estudo recente reporta que a compreensão é pior na sequência de uma leitura realizada na tela do que numa leitura em papel[6]. Esses estudos põem em causa a frase fetiche que todos repetimos sem cessar: "A tecnologia não é boa nem má, depende de como se usa." Quer gostemos ou não, a tecnologia afeta o nosso aprendizado. Talvez agora entendamos melhor a frase de McLuhan: "A resposta convencional que damos sobre todos os *media*, nomeadamente o que conta é a forma como os usamos, é a postura entorpecida do idiota tecnológico."

É preciso ver os efeitos, em contexto escolar, do uso contínuo do computador por crianças ao longo dos próximos anos. E será necessário ver o que implica acrescentar quatro ou cinco horas diárias diante do computador em horas letivas e de deveres escolares às atuais oito horas diárias à frente de um computador. Estamos assistindo uma experiência longa e com muitos participantes, protagonizada por crianças cujos pais nem sempre estão informados sobre ela. Sem dúvida, as escolas que usam essas ferramentas fazem-no com a melhor

---

[5] P. A. Mueller, "The Pen is Mightier than the Keyboard, Advantages of Longhand over Laptop Note Taking", *Psychological Science*, 25(6), 2004.

[6] A. Mangen, B. R. Walgermo e K. Bronnick, "Reading linear text on paper versus computer screen: Effects on reading comprehension", *International Journal of Educational Research*, 58, 2003, pp. 61-68.

das intenções, mas seria um erro julgar um método educacional baseando-nos em boas intenções, em vez de o fazer segundo fatos e resultados objetivos.

A ausência de provas científicas suficientes sobre os benefícios do uso do *tablet* nas aulas deve levar as escolas a adotar uma atitude de prudência e responsabilidade, que consiste concretamente em: 1. devem estar atualizadas quanto às tendências mostradas pelos estudos científicos sobre o tema; 2. devem estar a par dos mais recentes estudos científicos sobre os efeitos prejudiciais; 3. devem dar toda a informação aos pais sobre os prós e os contras, para que eles possam decidir livremente se querem que os seus filhos participem dessa "experiência em grande escala"; 4. devem dar-lhes a oportunidade de excluir os seus filhos dessa experiência, oferecendo uma alternativa não digital, e, sobretudo, 5. nunca devem aceitar ofertas empresariais – *tablets*, almoços luxuosos, viagens – de empresas tecnológicas que oferecem os seus produtos. Esta é uma prática que, de fato, gerou um debate legal e ético nos Estados Unidos, especialmente quando os investimentos que resultam dessas práticas se realizam com dinheiro público (escolas públicas ou com contratos de associação) ou diretamente com o dinheiro dos pais (escolas com contratos de associação ou privadas)[7].

---

[7] M. Richtel, "Silicon Valley Wows Educators, and Woos Them", *The New York Times*, 4 de novembro de 2011.

Educar na
realidade

Em 1996, Steve Jobs dizia:

Cheguei a pensar que a tecnologia poderia ajudar na educação. Provavelmente incentivei essa crença, sou uma das pessoas que mais equipamento tecnológico ofereceu a escolas em todo o planeta. Mas cheguei à conclusão inevitável de que o problema não é algo que a tecnologia possa solucionar. O que não funciona na educação não se conserta com tecnologia. A quantidade de tecnologia não terá o menor impacto. […] Os precedentes históricos ensinam-nos que podemos tornar-nos grandes seres humanos sem tecnologia. A experiência também nos diz que podemos converter-nos em seres humanos pouco interessantes por meio da tecnologia[8].

Noutra ocasião, disse: "Se pudesse, trocaria toda a minha tecnologia por uma tarde com Sócrates".

Como dizia Ferran Adrià, que faz parte da lista da revista *Time* das dez pessoas mais inovadoras do mundo: "Às vezes, inovar é deixar as coisas como estão".

---

8 G. Wolf, "Steve Jobs: The Next Insanely Great Thing (continued)", *Wired*, 4 de fevereiro de 1996.

10
As novas tecnologias como ferramentas para devolver à criança o protagonismo da sua educação?

> "Só consigo imaginar a dor que sentem aqueles que defendem, de forma radical, que 'quanto mais tecnologia, melhor' e que, há anos, profetizaram o fim dos anos de escolarização, quando veem que as escolas ainda existem."
>
> LARRY CUBAN, professor emérito da Universidade Stanford

Tanto os defensores da motivação interna como da motivação transcendente defendem que a criança é e deve ser protagonista da sua educação. É uma necessidade, como contrapeso de muitos anos de educação condutista.

Contudo, algumas correntes pedagógicas vão, além disso, sugerindo que a criança pode e deve fazer as suas descobertas de forma completamente não dirigida, inclusivamente na etapa do ensino formal. Nesse sentido, as novas tecnologias (NT) seriam um meio privilegiado para que a criança pudesse retomar as rédeas da sua aprendizagem e aprender por si mesma. Algumas vozes falam, inclusivamente, do sistema educacional como um obstáculo para a aprendizagem. Roger Schank, por exemplo, vai ainda mais longe, propondo a construção de uma base de dados que permita aos alunos aprenderem completamente "por si mesmos".

Isto é possível com uma criança ou com um jovem aprendiz? O que acontece, por exemplo, quando uma criança de 2, 6, 10 ou mesmo de 14 anos, se vê sozinha numa biblioteca com cinco milhões de livros? Que tipo de aprendizagem acontece? E que sentido tem essa aprendizagem? De fato, os estudos não suportam métodos educacionais como a "educação não dirigida por pura descoberta" num jovem aprendiz, porque – uma vez que ele não pode ter contato com os princípios ou com o material para a aprendizagem – a descoberta em si não ajudará o aprendiz a encontrar um sentido para aquilo que aprende[1]. Isso deve-se ao fato de que "todo o ensino provém de um conhecimento preexistente"[2]. Portanto, para que a internet seja uma boa ferramenta para aprender, ou para que alguém possa tirar proveito de uma biblioteca de cinco milhões de livros, a pessoa deve ter conhecimentos e

---

[1] R. E. Mayer, "Should there be a three-strikes rule against pure discovery learning?", *Am. Psychol.*, 59, 2004, pp. 14-19; P. A. Kirschner, J. Sweller e R. E. Clark, "Why minimal guidance during instruction does not work: an analysis of the failure of constructivist, discovery, problem-based, experiential, and inquiry-based teaching", *Educ. Psychol.*, 41, 2004, pp. 75-86.

[2] T. Aquino, *Questiones Disputatae de Veritate*, traduzido por J. V. McGlynn, Henry Regnery Company, Chicago, 1953. Uma ideia similar à de Vygostski, chamada a zona de desenvolvimento próximo. O ensino e o conhecimento não ocorrem de forma mágica. A criança pequena precisa de uma figura com um vínculo de afeto para fazer a mediação entre si mesma e a realidade.

competências prévias que lhe permitam saber o que procura, como procurar e por que procura. Tem de ter desenvolvido o sentido de relevância que o motive a efetuar o seu trabalho de investigação, bem como o autocontrole que lhe permita filtrar a informação não relevante que possa cair nas suas mãos. Nessas circunstâncias, a internet pode ser uma excelente ferramenta de aprendizagem. No entanto, é duvidoso que o sentido de relevância e a capacidade de autocontrole possam desenvolver-se ou consolidar-se diante de uma tela. Para se aventurar no mundo da internet, a criança deverá ter desenvolvido previamente uma série de virtudes que lhe permitam gerir de forma positiva o seu comportamento: competências sociais, sentido de intimidade, discrição, autocontrole etc. O sentido de relevância, por exemplo, é algo que a criança desenvolve desde pequena, na vida *off line*, na vida real fora das telas, nas suas relações interpessoais, através de uma educação que a ajuda a dar sentido às suas aprendizagens.

Alguns defensores do uso dos *tablets* nas salas de aula confundem a motivação externa que a tela suscita neles com o conceito de que "o aluno está assumindo as rédeas da sua educação". E, portanto, defendem o uso das NT na educação, para que os alunos voltem a ser protagonistas da sua educação. Esse silogismo, por muito atraente que pareça à primeira vista, não é correto. Como dizia Henry Amiel: "Um erro é tanto mais perigoso quanto maior for a quantidade de verdade que contenha." Por quê? Analisemos a fundo este argumento.

Educar na
realidade

Todos estamos de acordo que a criança e o jovem devem assumir o protagonismo da sua educação. Mas o efeito novidade/fascínio, de que fala Cuban, ou o fator "motivação externa" que o ritmo acelerado da multitarefa tecnológica dá à criança, ou os equivocadamente nomeados "jogos educacionais", não levam, necessariamente, a criança a assumir o protagonismo da sua educação, bem pelo contrário. Quem tem as rédeas na mão, frente à tela, não é o aluno, mas sim o aplicativo "inteligente" do *tablet*. Tanto o aluno como o professor passam a ocupar lugares secundários. Isso é um erro, porque essa educação individualizada que o *tablet* dá não é o mesmo que uma verdadeira atenção personalizada. Disso falaremos no próximo capítulo.

11
Relações interpessoais e sentido de identidade pessoal

"Uaauuuuu! Você não poderia ter feito melhor essa atividade. Bom trabalho!"

Resposta automática gerada pela Didakids, um aplicativo, quando a criança/usuário acerta uma série de respostas

"Os computadores são bons para seguir instruções, não para ler a tua mente."

Donald Knuth

"Cada criança é única." É verdade. No entanto, infelizmente, essa frase converteu-se num clichê que lhe tirou o encanto. Mais um clichê, entre *Os girassóis*, de Van Gogh, e a *Marcha Nupcial*, de Wagner. Estamos fartos desses clichês e mal captamos a essência da sua beleza porque abusamos deles como ferramentas de *marketing*. No âmbito educacional, por exemplo, dizem-nos que o nosso filho "é único e, portanto, precisa de uma educação com uma atenção personalizada". Até aqui, tudo bem. A necessidade de uma atenção personalizada na educação é reconhecida pela literatura científica e

Educar na
realidade

também pelo senso comum, porque é uma realidade que se relaciona diretamente com a nossa natureza. De fato, Víctor García Hoz, o mais importante catedrático de pedagogia experimental em Espanha, dizia:

> A educação personalizada fundamenta-se na consideração do ser humano como pessoa e não simplesmente como um organismo que reage perante os estímulos do seu meio, mas, principalmente, como um ser escrutinador e ativo que explora e muda o mundo que o rodeia.

Esta afirmação é uma declaração de princípios contra a motivação externa própria do condutismo ("não simplesmente como um organismo que reage perante os estímulos do meio") e a favor das motivações internas ("um ser escrutinador e ativo que explora…") e de serviço ("e muda o mundo que o rodeia").

Regressamos ao argumento de que falamos anteriormente. "Nós lhe daremos uma atenção personalizada com uma proporção de um professor para cada 27 crianças." Nesse momento, ficamos muito quietos, a pensar que há ali alguma coisa suspeita: "Como pode um professor, por muito bom que seja, dar uma atenção personalizada a uma turma de 27 crianças? Bem, devem ser professores muito especiais". Seguimos. "Uma vez que o professor não pode dar essa atenção personalizada ao seu filho, nós lhe daremos um *tablet* com aplicativos adaptados às suas necessidades e uma avaliação imediata, à sua medida, o que permitirá uma atenção personalizada." Nesse momento, intuímos que o silogismo falhou e com ele a campanha de *marketing* da escola, mas ainda não está claro o motivo. O que falhou no silogismo? O que se passa? O que se passa é que, segundo dizia Francis Bacon:

> A lógica, dado o mau uso que dela se faz, serve mais para estabilizar e perpetuar os erros cimentados em cima do terreno das ideias vulgares do que para conduzir à descoberta da verdade.

Uma das premissas está equivocada, porque confundimos educação personalizada com educação individualizada. O que queremos dizer com isso?

Voltemos ao princípio. Cada filho é único. É um fato objetivo, não há duas pessoas iguais, somos irrepetíveis. É uma verdade maravilhosa que nos ajuda a celebrar a originalidade de cada ser humano. Mas o que contribui para desenvolver e desdobrar a nossa identidade pessoal, tal como a nossa consciência dessa identidade?

Dan Siegel, professor de Biologia e Psiquiatria da UCLA, diz que a memória explícita é necessária para o desenvolvimento do sentido de identidade da criança, e que essa memória explícita apoia-se em experiências interpessoais.

> Recordar a ordem pela qual ocorrem os acontecimentos no mundo ajuda a criança a desenvolver um sentido de tempo e de sequência [...], esse mapa cognitivo permite identificar um contexto e criar um sentido em quatro dimensões do seu ser no mundo, no tempo.[1]

---

[1] D. J. Siegel, "Towards an Interpersonal Neurobiology of the Developing Mind: Attachment Relationships, "Mindsight" and Neural Integration", *Infant Ment. Health J.*, 22, 2001, pp. 67-94.

Educar na
realidade

Essa memória biográfica é o que permite à criança recordar o que fez, disse e ouviu, desenvolver a sua capacidade de introspecção, a sua interioridade, e desenvolver um sentido de identidade própria. E essa memória biográfica é consequência das experiências interpessoais de que falamos no capítulo anterior: "Estudos sustentam o princípio segundo o qual as experiências interpessoais tendem a ter um efeito direto sobre o desenvolvimento da memória explícita [...]", afirma Siegel.

É algo parecido com o que afirmava Víctor García Hoz:

> A incomunicabilidade refere-se ao ser, porque é impossível que o ser de uma pessoa seja o ser de outra, mas o relacionamento permite que as ações próprias cheguem a outros, e também o contrário, que as ações dos outros cheguem até nós, configurando-se assim a personalidade humana.

As pessoas aprendem com base na realidade. É assim também com as crianças, que precisam de experiências concretas para compreender o mundo e para se compreenderem a si mesmas. De fato, os mais recentes estudos em neurociência confirmam-nos que a memória semântica (de conhecimentos conceituais) e a memória biográfica (memória dos acontecimentos vividos através das experiências) ainda não estão diferenciadas na infância[2]. Essas duas memórias vão diferenciar-se, pouco a pouco, ao longo da adolescência, até a idade adulta, o que nos indica que as crianças não apren-

---
2 N. Ofen e Y. L. Shing, "From perception to memory: Changes in memory Systems across the lifespan", *Neurosci. Biobehav. Rev.*, 37, 2013, pp. 2258-2267.

dem as coisas através de discursos, fichas ou telas interativas, precisam de experiências reais. Isto também pode explicar o *Video Deficit Effect* de que falamos: as crianças pequenas aprendem melhor a partir de uma demonstração presencial do que de uma demonstração virtual. Por isso, se gritarmos com uma criança pequena para que ela pare de gritar, pode dar-se o efeito contrário ao desejado. Talvez obtenhamos mais resultados se sussurrarmos apenas...

Ainda que uma criança não se recorde das suas primeiras experiências – não recordamos as experiências dos dois primeiros anos de vida, fenômeno que se conhece como "amnésia da infância" –, estas deixam uma marca no seu cérebro, formando assim o quadro conceitual a partir do qual a criança entende o mundo e se compreende a si mesma. A partir dos 2 anos, como vimos anteriormente, começamos a recordar dessas experiências para que passem a formar parte da nossa memória biográfica e configurem os nossos sentidos de identidade pessoal. Portanto, é mais importante o que uma criança experimenta (inclusivamente se não se lembra disso, porque ocorreu antes dos 2 anos) do que as longas explicações que recebe aos 5 anos de idade.

Nesse sentido, vemos até que ponto o contato com a realidade e a relação com as outras pessoas na escola, na sala de aula, em casa ou na família, deixam uma marca e aumentam o sentido de identidade que temos de nós próprios. A nossa memória biográfica pessoal (e familiar e cultural) desenvolve--se a partir das experiências interpessoais de sintonia, empatia

# Educar na *realidade*

e compaixão que vivemos com as pessoas que nos rodeiam. Com experiências interpessoais, familiares, culturais e espirituais positivas lançamos as raízes que nos permitirão, mais à frente, resistir aos ventos fortes, porque consolidam a nossa consciência de identidade própria.

Por isso mesmo, é imprescindível que os pais e os professores entendam o sentido verdadeiro do seu papel na educação das crianças, tanto na etapa infantil, na primária, como na adolescência. De acordo com cada etapa da vida da criança ou do jovem, o seu papel será abraçar, interpretar a realidade com o olhar, contar histórias reais, outras fictícias, amparar, redimensionar um problema emocional, corrigir um defeito com carinho, ajudar a decifrar como se sente uma pessoa, recordar um acontecimento íntimo, discordar, prestar atenção ou ajudar a identificar as limitações e as forças. Em suma, trata-se de uma série de atos profundamente humanos que as telas dos computadores não podem realizar. É então quando entendemos melhor o que falhou no silogismo "um *tablet* por criança permite uma educação personalizada".

O que acontece a uma criança que não tem a oportunidade de viver essas experiências interpessoais porque o intermediário entre a realidade e ela é uma tela? Siegel diz-nos que, quando a memória explícita sofre uma carência de experiências interpessoais, a criança não tem recursos suficientes para entender e situar-se. Então, a memória implícita toma as rédeas e preenche os vazios:

> Os elementos penetrantes da memória implícita ajudam a criar as mensagens entre as linhas nas histórias que contamos e das vidas que vivemos,

diz Siegel. Se a criança não teve uma experiência interpessoal que lhe permita, através da sua recordação, tomar consciência da sua própria identidade, ser autêntico consigo mesmo, acabará por tornar seu o comportamento da primeira personagem da sua série favorita, tomará para si as atitudes dos protagonistas dos seus *video games* violentos favoritos ou adotará o tom das mensagens do WhatsApp que enchem a tela do celular que traz sempre consigo no bolso. Por exemplo, perante uma agressão, o único recurso que resta a uma criança ou a um jovem que tenha uma memória explícita pobre em experiências interpessoais é a sua memória implícita, que adotou como sua a reação violenta que teve o protagonista do seu *video game* violento preferido. Diante das contrariedades, reproduzirá essa reação para preencher o vazio na sua memória biográfica. Na verdade, os estudos[3] demonstram que, por exemplo, as crianças e os adolescentes tendem a imitar o que veem e ouvem nas notícias, que podem criar um efeito de contágio neles.

Quando a criança ainda não tem consolidada a sua identidade pessoal e não tem modelos reais suficientes à sua volta, com os quais se possa identificar, pode recorrer ao contexto digital para preencher os vazios, porque a vitrine do

---

3 Academy of Child and Adolescent Psychiatry, *Children and the News. Facts for Families*, 67, 2013.

Educar na
realidade

seu ambiente virtual converte-se no ponto de vista principal. Acaba por haver uma identificação do modelo virtual a que foi exposto com os seus próprios sentimentos, o seu conceito de si mesmo e a sua identidade pessoal. O que faz e diz a televisão, os *video games* ou as pessoas que publicam na sua linha do tempo converte-se no *top*, no "único", no "real". A criança invejará tudo o que encontrar nessas vitrines e vai procurar satisfazer as suas necessidades afetivas comportando-se como esses modelos, na esperança de conseguir a aprovação dos outros. Essas crianças ou adolescentes vão copiar e desejar ser copiados. É a isto que se reduz o seu sentido de identidade. Esse caminho afastará, cada vez mais, essa criança da construção de um sentido de identidade verdadeiramente pessoal, autêntico.

Um estudo[4] realizado na Europa com adolescentes entre os 14 e os 17 anos indica que os adolescentes precisam sentir-se estimulados (fortalecidos), que procuram esse fortalecimento *on-line* (ligados à internet) em vez de *off line* (no mundo real), através da aceitação, da destreza nos jogos e nos sentimentos de pares, e sublinha: "O fortalecimento pode preencher um vazio quando se trata de adolescentes com um déficit de habilidades sociais *off line* [...]." O estudo conclui: "Os adolescentes com baixo desenvolvimento de habilidades *off line* podem experimentar um alto grau de capacitação ou fortalecimento através da internet e, portanto, são mais vulneráveis ao desenvolvimento da "conduta disfuncional" na internet" (como

---

4 EU NET ADB, *Investigación sobre conductas adictivas a Internet entre adolescentes europeos*. Realizado entre 2011 e 2012.

podem ser, por exemplo, o comportamento aditivo ou o risco de comportamento aditivo). A Espanha lidera a porcentagem de condutas disfuncionais na internet entre os seus adolescentes, com 21%. O estudo revela também que os jogos de azar, as redes sociais ou os jogos de computador são fatores que multiplicam por dois o risco de condutas disfuncionais entre os adolescentes. Isto deve-se justamente ao fato de que, ainda que essas atividades possam ter um fim educacional, na medida em que têm um fator de recompensa relacionado com uma motivação externa, são mais associadas a uma gratificação imediata. Essa gratificação está associada à produção de dopamina no cérebro da criança. A dopamina nem sempre é má. Também intervém quando nos entusiasmamos com a descoberta de algo novo, quando contemplamos um belo pôr do sol ou quando vemos a cara de alegria de uma pessoa a quem tenhamos ajudado. É uma prenda da natureza, que de alguma forma nos recompensa. O problema surge quando a criança age unicamente para consegui-lo, não por motivação interna ou por fazer sentido. Como vimos anteriormente, isto ocorre com facilidade quando há uma mistura de motivos; os motivos externos fazem sombra aos motivos internos e transcendentes. O problema surge quando a criança ainda não desenvolveu a sua capacidade de diferir a gratificação e se vê presa no jogo ou nas redes sociais. Não tem o controle, quem o tem é o jogo ou as redes sociais, que definem os tempos e o ritmo à base de recompensas e gratificação e superam a sua capacidade de autocontrole.

Educar na *realidade*

Como assinala o estudo mencionado, as competências sociais adquiridas *off line*, no mundo real, são cruciais para um bom uso das NT. É importante, por exemplo, ter uma autoestima que nos possa levar a dizer, como Plutarco: "Não preciso de amigos que mudam quando eu mudo ou que concordam quando eu concordo. A minha sombra faz isso muito melhor". É igualmente importante ter sentido de discrição e intimidade.

> Tinha acabado de dar à luz e levaram logo o meu filho porque tinha um problema e tiveram de pô-lo na incubadora. Foi muito duro porque não pude pegá-lo no colo nas horas que se seguiram ao parto. Após umas horas, chegou a minha filha de 17 anos com o celular. Mostrou-me a foto do meu filho, na incubadora. Já tinha feito um *post* no Facebook e todos os seus amigos já o tinham visto antes de eu, a mãe, ter podido pegar nele. Expliquei à minha filha que estava muito aborrecida com o que ela tinha feito. Falamos do sentido de intimidade, da discrição, da privacidade. Ela não entendia qual era o problema. Nem depois de lhe ter explicado, conseguiu entender como eu me sentia.

A discrição e o sentido da intimidade dificilmente poderão ser transmitidos a uma criança que cresceu com o Facebook. De fato, Mark Zuckerberg, fundador do Facebook, anunciava: "A privacidade é uma questão obsoleta". As redes sociais têm cada vez mais relevância para os nossos filhos. Numa pesquisa realizada em 2011 pela Consumers[5],

---

[5] Consumer Reports, "That Facebook friend might be 10 years old, and other troubling news", *Consumer Reports Magazine*, 2011.

conclui-se que 7,5 milhões de utilizadores do Facebook têm menos de 13 anos, e mais de 5 milhões têm menos de 10. No mesmo ano em que se realizou a pesquisa, o diretor-geral do Facebook, Zuckerberg, indicou que gostaria de ver crianças com menos de 13 anos no Facebook: "A minha filosofia é que, para a educação, é preciso começar numa idade muito, muito jovem."[6] No entanto, não existem estudos que relacionem o uso do Facebook com habilidades necessárias para a educação. Pelo contrário, os estudos reportam que os resultados acadêmicos dos alunos que usam o Facebook são 20% mais baixos[7]. O que Zuckerberg não explica é o fato de que abrir o Facebook às crianças permite à empresa conseguir quotas de mercado no setor dos jogos, o que facilita um potencial de crescimento aos seus acionistas, salienta o *Wall Street Journal*[8].

Para ter uma memória biográfica mais rica é importante viver a vida ao vivo, sentir o que está acontecendo. Nesse sentido, é verdade que as NT podem ajudar-nos a despertar recordações das experiências vividas, através da fotografia ou da gravação de imagens, por exemplo. Também podem ajudar-nos a manter uma relação com quem, por motivos de distância, não podemos ver em pessoa. Também pode manter viva ou reavivar uma amizade que já existia à margem das NT.

---

6 L. Magid, "Letting Children Under 13 On Facebook Could Make Them Safer", *Forbes*, 6 de abril de 2012.

7 P. A. Kirschner e A. C. Karpinski, "Facebook and academic performance", *Computers in Human Behavior*, 26(6), 2010, pp. 1237-1245.

8 A. Troianovski e S. Raice, "Facebook Explores Giving Kids Access", *The Wall Street Journal*, 4 de junho de 2012.

Educar na
realidade

Mas, como diz Pankaj Ghemawat: "Estamos confundindo a conexão humana com a conexão tecnológica." Uma não leva necessariamente à outra. Não é a mesma coisa conectarmo-nos em modo *wifi* do que cruzar um olhar… Será por isso que as crianças são cada vez menos capazes de olhar nos olhos, ou mesmo para o rosto de alguém? Quando não se olha para o rosto, dificilmente se pode captar o significado de um olhar. Tal como reza um provérbio árabe: "Quem não compreende um olhar, também não compreende uma longa explicação".

Outro problema é que confundimos "personalizado" com "individualizado". Nos banheiros públicos, as divisórias permitem uma situação individualizada (de isolamento, para uma maior intimidade), mas não podemos falar de uma atenção personalizada. Seria assim se lá existisse gente que se dispusesse a ajudar pessoas de terceira idade que têm dificuldades de movimento. Atenção personalizada significa atenção de uma pessoa às necessidades de outra. Um *tablet* por filho não é garantia de educação personalizada, mas sim de educação individualizada, o que não é o mesmo. E quando uma criança está diante de uma tela durante oito horas diárias perde claramente oportunidades de relações interpessoais, uma vez que as horas do dia são limitadas, por mais que nos enganemos pensando que, quando trabalhamos em modo multitarefa, não o são. A atividade digital é tempo que retiramos das oportunidades de relações interpessoais.

A atenção personalizada é muito mais do que um método ou uma frase feita para vender vagas nas escolas. É consequência da tomada de consciência por parte do educador de que cada uma das nossas crianças e jovens é única. Portanto, requer uma atenção personalizada, ou seja, adaptada às suas necessidades reais, que não são, necessariamente, subjetivas. É preciso dar às crianças aquilo que a sua natureza pede, que nem sempre é o mesmo que elas pedem. Aí está o trabalho delicado dos pais e dos educadores, discernir entre uma coisa e outra. Como bem dizia Peter Williams: "Do ponto de vista de um programador, o usuário não é mais do que um periférico que tecla quando lhe é pedido que leia". Discernir entre o que a criança pede e o que a sua natureza requer é um trabalho que uma ferramenta digital não consegue realizar, por muito bons que sejam o dispositivo e os algoritmos de seus aplicativos, porque esse discernimento requer sensibilidade. E a sensibilidade é profundamente humana, não digital.

Estudos indicam que a vinculação – o laço de confiança que é consequência de uma relação interpessoal rica entre a criança e o seu principal cuidador – é mais forte nas crianças que têm pais com histórias biográficas coerentes, pais que tiveram oportunidades ricas de relações interpessoais que configuraram o seu passado e que dão sentido ao seu presente e ao seu futuro através de um forte sentido de identidade[9]. Não são só os psicólogos que sabem disto, as empresas interessaram--se também por esse mecanismo, usando-o para criar maior

---

9 D. J. Siegel, "Towards an Interpersonal Neurobiology of the Developing Mind: Attachment Relationships, "Mindsight" and Neural Integration", *Infant Ment. Health J.*, 22, 2001, pp. 67-94.

Educar na
realidade

adesão às suas marcas, uma vez que estão conscientes de que a melhor maneira de suscitar a confiança dos consumidores nas suas marcas são as histórias. Por isso ficou tão na moda o *marketing de experiências*, segundo o qual o cliente compra um produto por causa da experiência que vive durante a sua comercialização ou consumo. Em 1998, Pine e Gilmore, autores de *A economia da experiência*[10], diziam:

> Se lhe pagam por algo físico que você oferece, você está num mercado de bens; se o fazem pelas atividades que oferece, está no mercado de serviços, e se lhe pagam pelo tempo que passam com você, está no mercado das experiências.

O mundo virtual foi invadido pelo *marketing* de experiências, que trabalha com as emoções. Sabemos, e em seguida veremos mais detalhadamente o porquê, que as emoções e as sensações novas são muito importantes para os jovens. É por isso que os vídeos que emocionam no YouTube se tornam virais nas redes sociais. E os videoclipes das canções que querem vender competem pela atenção dos jovens com histórias e imagens cada vez mais escandalosas. A única coisa que falha nessas campanhas de *marketing* é que essas histórias não nos chegam ao contexto de uma relação interpessoal ou através da vivência de um familiar, portanto, emocionam-nos, mas o normal é que não construam a nossa memória biográfica.

---

10 B. J. Pine e J. H. Gilmore, *La economía de la experiencia*, Granica, Barcelona, 2000.

No caso de uma criança com poucas oportunidades de relações pessoais, pode acontecer que essas histórias preencham um vazio através da memória implícita, como explicamos anteriormente. Isto é tão absurdo como emocionarmo-nos quando recebemos uma felicitação de parabéns de uma loja de departamentos, um "Feliz Natal" de uma empresa de bebidas ou um "Parabéns" pelo nascimento de um filho vindo de uma loja de brinquedos. O normal é que essas coisas nos digam pouco. Ninguém, no seu perfeito juízo, se emocionaria ao receber esse tipo de publicidade, pois sabe perfeitamente qual é a diferença entre essa correspondência e uma carta pessoal enviada por um amigo.

Quando não há recordações de experiências interpessoais verdadeiras, há um "déficit de humanidade". Portanto, só é humana uma educação que proporcione suficientes oportunidades de experiências interpessoais. A educação através de telas em idades jovens – sem nos determos nas desvantagens que pode ter – reduz a quantidade e a qualidade das oportunidades de experiências interpessoais.

Nossos filhos têm de viver a vida ao vivo. Têm de aprender o que é uma verdadeira amizade. Esta é algo mais do que trocar símbolos de *smile* e polegares para cima ou manter diálogos no twitter com um número de caracteres limitado. Ou escrever *ad aeternum* "depois a gente se vê" sem nunca o fazer. A amizade é ir a um encontro, ficar juntos, falar devagar, entendermo-nos. Escutar a voz, o tom, olhar a expressão, interpretar o olhar. Não estar cons-

Educar na
realidade

tantemente olhando para o relógio. E não interromper uma conversa para atender um estranho em 2D. Encontrarmo-nos com um amigo sem ter uma meta específica nem querer algo em troca. Estar juntos em frente de uma paisagem maravilhosa, sem dizer nada, em silêncio. Ou beber algo juntos e falar do Natal ou de coisas que não são necessariamente úteis, mas que não deixam, por isso mesmo, de ser importantes. Mas, hoje, isso é raro, já quase não se vive assim por falta de tempo, porque passamos quase todo o nosso tempo "livre" em frente às telas. Mas é lindo quando perguntam: "Você está bem?", de verdade. Para saber como se está vitalmente, não virtualmente. Sem medo da resposta e sem um tempo limitado para poder responder. Um amigo de verdade não quer saber de como se está ocupado, de quantos *e-mails* atrasados e por responder existem na sua caixa de entrada, se o seu trabalho vai bem ou não, se está ocupado ou muito ocupado. Não quer que diga que fez um sacrifício para vê-lo por estar "muito" ocupado. Ele nunca o faria sentir assim. Não se chateia se lhe conta que está ocupado, mas quer saber algo mais. Pergunta-lhe sobre o seu estado de alma. O amigo está disponível e lhe dá atenção, essa atenção que é o termômetro do amor e uma forma pura de generosidade. Essa é a amizade real para a qual os nossos filhos têm de arranjar um espaço nas suas agendas de pequenos executivos estressados e na sua estafante vida digital nas redes sociais, com todos os dispositivos que lhes compramos, supostamente "para que não fiquem sem amigos". Somos humanos e precisamos de experiências humanas.

Mas, então, ao agir assim não estaremos despojando os nossos filhos das oportunidades que precisam para ser potenciais gurus tecnológicos? Não estamos desperdiçando um potencial talento que tenham? Vamos falar disso no próximo capítulo.

12
À frente ou atrás da tela?

> "Todos os que usam as maravilhas da ciência e da tecnologia sem refletir e sem compreendê-las, da mesma forma que uma vaca come capim sem entender de botânica, deveriam sentir-se envergonhados."
>
> ALBERT EINSTEIN

> "*Design* é uma palavra interessante. Muitos pensam que se refere ao aspecto. Mas, se procurarmos um significado mais profundo, na verdade refere-se ao funcionamento."
>
> STEVE JOBS

São muitos os pais, como nós, que querem dar todas as oportunidades aos seus filhos para que estes possam, na medida em que as suas capacidades lhes permitam, ser inovadores e criativos no mundo tecnológico. É lógico e louvável. Alguns pais, com as melhores intenções do mundo, associam essas oportunidades à compra de *tablets* inteligentes a seus filhos de 4 anos, à compra do último modelo de celular a seus filhos de 8 anos ou à necessidade de forrar as paredes do quarto deles com telas de televisão.

Educar na
realidade

Sem nos darmos conta, talvez estejamos confundindo conceitos. Não é a mesma coisa crescer à frente ou atrás de uma tela. O que quer isso dizer?

Steve Jobs passou grande parte da sua infância na garagem da sua casa, aprendendo, com o seu pai adotivo, que era mecânico e carpinteiro, a trabalhar com as mãos e a desfazer e reconstruir dispositivos eletrônicos, como televisores e rádios. Não passava horas à frente de uma tela consumindo passivamente conteúdos, trabalhava atrás das telas. Durante esse período da sua vida, juntava-se a dois vizinhos com os quais partilhava uma paixão pela construção de dispositivos eletrônicos, Bill Fernández e Steve Wozniak, que foram elementos-chave no desenvolvimento do primeiro computador Mac.

Talvez agora entendamos um pouco melhor a recente notícia do *New York Times*: "Steve Jobs era um pai pouco tecnológico."[1] Steve Jobs não deixava seus filhos usarem o iPad e limitava o uso que faziam de outras tecnologias. Nesse artigo, o jornalista revela o resultado de entrevistas realizadas a vários altos executivos de empresas tecnológicas. Um dos fundadores do Blogger e do Twitter, por exemplo, diz que seus filhos têm livros físicos em vez de iPad. Muitos dos questionados não deixam seus filhos usar o celular antes dos 14 anos e a internet antes dos 16. Com unanimidade, nenhum deles deixa que

---

1 N. Bilton, "Steve Jobs was a Low-Tech Parent", *The New York Times*, 10 de setembro de 2014.

essas tecnologias entrem no quarto dos seus filhos. Será que eles sabem de algum segredo que nós desconhecemos? O segredo é bem simples. A melhor preparação para ser uma pessoa criativa, inovadora e empreendedora tecnologicamente não consiste em passar horas em frente de uma tela. Em 1996, Jobs dizia numa entrevista à *Wired*[2] que "as pessoas refletem menos do que antigamente. Essa mudança deve-se principalmente à televisão". Ser inovador também não é consequência – nem sequer remota – de saber manejar o último modelo do iPhone; já vimos antes que estes dispositivos são feitos para que qualquer um possa usá-los com extrema facilidade. Steve Jobs dizia que a inovação é "dizer não a mil coisas". Ele não queria que seus filhos ficassem presos a uma tela ensurdecedora. Não queria que se tornassem uns apaixonados pela irrelevância, perdendo tempo com tecnologias que estão programadas para a obsolescência. Preferia que estivessem se preparando para ser inovadores. E para ser inovador no âmbito das NT é preciso passar tempo refletindo atrás da tela, não na frente dela. Einstein dizia:

> A principal fonte de todas as descobertas tecnológicas deve-se tanto à divina curiosidade e ao impulso brincalhão dos investigadores brincalhões e reflexivos como à imaginação criativa do inventor". Uma vez mais, é fundamental não confundir "brincadeira" com "diversão.

---

2 G. Wolf, "Steve Jobs: The Next Insanely Great Thing (continued)", *Wired*, 4 de fevereiro de 1996.

Educar na *realidade*

Mesmo que estejamos agindo por trás da tela (e não na frente), precisamos de muito mais do que de uns meros conhecimentos técnicos. O que faz a diferença entre um bom programador e um que não se destaca do geral? Danny Thorpe, conhecido programador que trabalhou na Microsoft e na Google, diz:

> Programar sem um planejamento ou um projeto em mente é como explorar uma gruta com apenas uma lanterna: não se sabe onde está, por onde se esteve nem para onde se vai.

É preciso que a pessoa saiba o "porquê" e o "para quê" se fazem as coisas. Nesse sentido, dedicarmo-nos à programação de computadores e ter êxito exige muito mais do que meras competências técnicas. Woodie Flowers, professor de Engenharia Mecânica da prestigiada universidade MIT, concorda. Flowers realça a diferença entre o papel que devem ter as NT na relação com "educar" e com "formar tecnicamente":

> Penso que a educação e a formação técnica são duas coisas diferentes. Para mim, a formação técnica é um produto essencial, mas não escasso, que será seguramente subcontratado a sistemas digitais e, por isso, melhorado ao longo do processo. A educação é algo muito mais sutil e complexo e faz-se através da interação entre um mentor e um aprendiz, entre um aluno que aprende e um perito".[3] Flowers acrescenta: "A educação é a fonte da vantagem competitiva dos alunos.

---

3 W. Flowers, "Teach Talk: A Contrarian View of MITx: What Are We Doing!?", *MIT Faculty Newsletter*, XXIV(3), 2012.

Flowers fala de uma educação que se realiza "por meio da interação entre um mentor e um aprendiz", portanto, de uma educação personalizada, humana. Essa é a educação que constituirá uma fonte de vantagem competitiva para os nossos filhos, e não a educação individualizada que provém de um *tablet* inteligente.

Nesse sentido, certas tecnologias nas mãos de crianças suscitam uma atitude mais ativa do que passiva, como o caso da fotografia, por exemplo. Carlos Pérez Naval tem 9 anos e tornou-se o mais jovem vencedor do prêmio Fotógrafo do Ano da Wildlife, na categoria juvenil, atribuído desde há 50 anos pela BBC, juntamente com o Museu de História Natural de Londres. As suas fotografias demonstram uma sensibilidade e um apreço pela beleza fora do comum[4]. Carlos começou a fotografar flores com uma câmara compacta. O talento não foi o único fator determinante para que Carlos se tenha convertido num dos melhores fotógrafos jovens, mas também o fato de seu pai ser igualmente fotógrafo – e pôde sempre aconselhá-lo –, o fato de amar a natureza – fotografar uma realidade que o apaixona – e passar muito tempo a compartilhar sua paixão com os pais. Diz: "Não é só divertido. Meu pai e minha mãe também tiram fotografias e vou com eles, passamos boas horas juntos com as máquinas fotográficas"[5].

---

4 Disponível em: https://carlospereznaval.wordpress.com
5 I. Valdés, "Diez años, un Escorpión y el Wildlife", *El País*, 29 de outubro de 2014.

Educar na
realidade

Uma vez mais vemos até que ponto as relações interpessoais são cruciais na aprendizagem, chaves para uma educação humana que dá sentido àquilo que se aprende.

13
O esforço, a austeridade e a simplicidade

"Como consigo fazer uma escultura? Simplesmente retiro do bloco de mármore tudo o que não é necessário."

MIGUEL ÂNGELO BUONARROTI

"A perfeição consegue-se não quando nada mais há a acrescentar, mas sim quando não há mais nada a retirar."

ANTOINE DE SAINT-EXUPÉRY

A austeridade e o esforço são um quadro ideal para a invenção e a criatividade. Steve Jobs não vivia na opulência, mas sim na austeridade. De fato, tanto assim era que teve de deixar a universidade porque os seus pais não podiam suportar o custo dos seus estudos. Continuava a ir às aulas como "ouvinte" (sem o reconhecimento dos créditos que correspondiam a essas disciplinas) por não poder pagar a matrícula. Uma das disciplinas à qual assistiu foi caligrafia. No seu já mítico discurso de Stanford, disse que essa disciplina tinha sido chave no *design* dos tipos de letra do primeiro Mac. Como também não podia pagar alojamento, dormia no chão do quarto dos amigos e devolvia garrafas de refres-

Educar na
realidade

co vazias para poder comprar comida, além de ir a cantinas sociais todas as semanas.

Quando Steve Jobs e o seu sócio Steve Wozniak (o amigo e vizinho com quem partilhava, durante a infância e adolescência, a sua paixão pelo *design* eletrônico) inventaram o primeiro computador, não tinham dinheiro para comercializá-lo. Tanto assim era que tiveram de vender, respectivamente, a camioneta e a calculadora programável HP.

Às vezes pensamos que ser empreendedor é consequência de os pais "inculcarem" isso nos filhos. Os nossos filhos nascem como pequenos empreendedores! Nascem com um desejo inato de conhecer, investigar e entender o mecanismo natural do que os rodeia. Se a criança está num ambiente favorável, essa motivação interna poderá, eventualmente, transformar-se numa motivação transcendente, caso encontre, por exemplo, uma maneira de pôr os seus talentos a serviço dos outros. Quando uma criança é saturada pelos estímulos do ambiente em que está inserida, o seu desejo de conhecer fica adormecido e ela para de desejar. Passa de pequena empreendedora a grande consumidora.

Por vezes, pensamos que o gênio é uma espécie de milagre que cai do céu, ou um talento adormecido que despertamos ao pagar a matrícula numa atividade extracurricular. É uma visão pouco realista, não só da criança, mas também do ser humano, para a qual os neuromitos contribuíram em larga medida. Procuramos a perfeição no lugar errado e da forma errada. As coisas custam a acontecer e são lentas. Não há "inglês fácil" e "inteligência repentina". Falar um idioma é árduo e tocar um instrumento requer paciência, porque implica horas e horas de prática. E nunca sai à primeira. Como dizia Henry van Dyke: "Haveria silêncio nos bosques se só cantassem os pássaros que cantam bem." Adquirimos as coisas mais valiosas passo a passo e é preciso atrevermo-nos e enganarmo-nos para aprender. Não há fórmulas mágicas, não há atalhos. Então perguntemo-nos: Não podemos atribuir a culpa da cultura generalizada de falta de esforço dos nossos filhos a essas falsas crenças de perfeição fácil e rápida? Que mensagem estamos passando para as crianças em idade escolar quando lhes dizemos que podem aprender "divertindo-se" com um *tablet* e que é "superfácil"?

O esforço é um bom ponto de partida para a educação, porque é honesto e ajuda-nos a orientar a educação com realismo para que todos tenhamos expectativas realistas acerca das nossas próprias capacidades, para que sejamos pacientes e valorizemos o esforço, e não apenas os resultados.

É verdade que o talento é um dom e esse dom há de frutificar, mas há terrenos mais férteis para que isso ocorra. A austeridade, assim como o esforço e a perserverança, são imprescindíveis. Michelangelo, considerado um dos maiores artistas da história, dizia: "Se se soubesse a quantidade de trabalho que há nisto, não se lhe chamaria gênio." Gaudí também teve uma vida muito austera, passava noites inteiras

Educar na
realidade

a trabalhar no seu ateliê. Como reza o ditado: "A necessidade é a mãe de toda a invenção." A criatividade ocorre quando uma criança vai à luta quando lhe falta algo que não tem. Uma criança que tem tudo, antes sequer de o desejar, não precisa ser criativa porque não precisa de nada, não anseia por nada. Tem a vida resolvida. Um estilo de vida familiar que dá tudo à criança ou ao adolescente, antes mesmo de este o desejar, faz com que esta criança se conforme com uma atitude passiva e de consumo. Nesse sentido, nossos filhos deveriam ter cada vez menos coisas e aprender a praticar o "desprendimento voluntário".

Quando nos apercebemos da realidade da escassez de tempo e de recursos – atenção, memória, inteligência, mesmo recursos materiais – de que dispomos, entendemos melhor a importância de estabelecer prioridades para esses recursos, indo ao essencial. É bom "privar" as nossas vidas de tudo o que não é essencial, praticar o "desprendimento voluntário". E se pararmos para pensar bem, descobriremos que a angústia e a frustração de não chegar a lugar nenhum, algo que os pais têm frequentemente, tendem a ser uma consequência de não sabermos dizer não, de criarmos expectativas supérfluas que deixam pouco tempo para o essencial. Tendemos a ir a reboque das coisas que o ambiente que nos rodeia nos vende como "imprescindíveis", porque "todos fazem ou todos têm". Essa é a triste música de fundo que nos acompanha. Demasiadas vezes, deixamos que as estatísticas tomem as decisões por nós. Doze anos é a idade média de introdução das crianças ao celular? Então compramos-lhe um quando chegam a essa idade. Como pais, devemos tomar as decisões que nós consideremos boas, não as que os outros tomam. Temos de recuperar o sentido de competência e a autoestima que nos permitem tomar decisões quanto à educação dos nossos filhos. Nós é que devemos fazer as estatísticas e não deixar que elas conduzam nossos hábitos de consumo.

Em suma, passamos grande parte do tempo que nos resta depois de trabalharmos e de dormirmos olhando para um tela ou comprando coisas que não precisamos para estar à altura das outras famílias que nos rodeiam. O fato de os outros o fazerem não é um critério educacional valioso. Essa lógica tem de ser quebrada na infância com as crianças. Caso contrário, elas usarão essa lógica para justificar todo o tipo de comportamentos na adolescência. "Mamãe, vou sair para beber porque todo mundo vai, *okay*?" De qualquer forma, isso de que "todo mundo faz ou tem" é verdade? É bom pôr as coisas em perspectiva e compararmo-nos, não com o vizinho ou com o pai da outra criança na turma do nosso filho, mas com o resto das pessoas que partilham o planeta conosco. Segundo o Banco Mundial[1], quase metade da população do planeta vive com menos de 2,50 dólares por dia, e 80% vive com menos de 10 dólares ao dia, menos de metade do que custa a tarifa-base de um *smartphone*.

---
1 Programa das Nações Unidas para o Desenvolvimento, *Relatório sobre Desenvolvimento Humano 2007-2008*, PNUD, Nova York, 2007.

Educar na
realidade

As crianças precisam de poucas coisas materiais e é muito saudável que aprendam a viver desprendidas das coisas que têm, para poderem ser mais livres. Temos de redescobrir a virtude da simplicidade. A simplicidade, como dizia Leonardo da Vinci: "É a derradeira sofisticação."

14
O *locus* de controle

"Há uma força motriz mais poderosa do que o vapor, a eletricidade e a energia atômica. Essa força é a vontade."

ALBERT EINSTEIN

Anteriormente, dissemos que cada casa deve tomar as suas decisões. As estatísticas não mandam nas nossas decisões familiares, pelo menos não deveriam, porque somos nós, cada um de nós, que fazemos as estatísticas. Pelo menos é isso o que pensam as pessoas que têm *locus* de controle interno.

Locus significa "lugar". *Locus* de controle refere-se, em psicologia, à forma como uma pessoa percebe o lugar de origem ou de controle do seu comportamento, externo ou interno. Por exemplo, as pessoas que têm um *locus* de controle interno valorizam positivamente o esforço e a responsabilidade, porque sabem que podem causar um impacto positivo nos seus próprios atos, dos quais são donos. Através do jogo (que não é o mesmo que a "diversão" e o "entretenimento" dos mal apelidados "jogos" de computador), as crianças aprendem a desenvolver um *locus* de controle interno. Entendem que as suas ações causam impacto nos outros. Jogar é prepararmo--nos ativamente para o imprevisto, em vez de nos deixarmos

Educar na
realidade

levar passivamente por ele. Um empreendedor, por exemplo, é uma pessoa que normalmente tem um *locus* de controle interno. Empreender é procurar proativamente oportunidades e exige esforço e trabalho. Uma pessoa está disposta a isto se pensar que o seu esforço e o seu trabalho podem causar impacto. O *locus* de controle interno está relacionado com a motivação interna de que falamos antes. Uma pessoa que tem um *locus* de controle interno age por si, não vai a reboque das circunstâncias externas. Claro que não controlamos tudo na nossa vida (doenças, demissões, morte), mas há uma grande variedade de questões em que podemos ter influência e, em última análise, também podemos ser nós que gerimos a atitude que demonstramos perante os acontecimentos que não controlamos.

Por outro lado, as pessoas que têm um *locus* de controle externo tendem a não assumir as responsabilidades pelas suas ações, porque pensam que as suas ações são impostas pelo contexto, ou que são sempre consequências de outros. Essas pessoas culpam sistematicamente os outros pelos seus erros. Por exemplo, os universitários que têm um *locus* de controle externo tendem a ver o mau resultado em um exame como algo alheio às suas ações ("O professor me reprovou"), em vez de vê-lo a partir do ponto de vista das suas próprias ações ("Fui reprovado porque não estudei o suficiente" ou "Não entendo bem a matéria" etc.). Em vez de reconhecer o erro, uma criança diz: "A pinça escapou dos meus dedos." A culpa é da pinça, claro. Nas empresas, pessoas com um *locus* de controle externo tomam poucas decisões por medo de assumir as consequências, e vão sempre procurar o consentimento de um supervisor antes de determinar qualquer coisa, para não terem de assumir responsabilidades. Na política, o *locus* de controle externo faz com que a culpa seja sempre dos outros e que ninguém se demita, assumindo o seu erro. As pessoas que têm um *locus* de controle externo tendem a permanecer em posições que impliquem pouca ou nenhuma responsabilidade ou a aceitar um posto de responsabilidade, mas sem assumi--la realmente ou culpando continuamente os outros pelos seus erros. As pessoas com um *locus* de controle externo são conformistas, porque pensam que não têm impacto sobre os seus próprios comportamentos, agem como todos os outros e consideram que destacarem-se é socialmente arriscado. O conformismo não é uma postura que favoreça a criatividade, a originalidade ou a inovação, a não ser que a tendência da maioria seja procurar a inovação. Nesse caso, a pessoa conformista procurará a inovação naquilo que "toda a gente faz", copiando e plagiando ideias originais de outras pessoas. A criança conformista movimenta-se com a multidão, funde-se na maioria, sem se questionar acerca das consequências ou do sentido do que faz ou deixa de fazer.

Temos de ser conscientes, como pais ou educadores, de que os prêmios e os castigos reforçam na criança o *locus* de controle externo. Em vez de "premiar" ou "castigar", devemos educar a criança a assumir as consequências naturais das suas ações.

Educar na
realidade

Situação: A criança faz uma birra por capricho.
Enfoque castigo/prêmio: Muito mal, o Papai Noel não vai deixar presente para você na árvore de Natal. / Se você parar com isso poderá beber *Coca-Cola*.
Enfoque nas consequências naturais das suas ações: Durante as refeições não gostamos de ter meninos birrentos, meu querido, e já tínhamos dito isso antes para você. Nesta mesa não há meninos birrentos. Se você quer se comportar como um menino birrento, pode se levantar. Sem problema. Depois, quando você estiver melhor, você volta e janta, *okay*? (Dito de forma firme, com serenidade, com um sorriso e dando à criança uma saída para deixar de fazer birra.)

A mensagem é: "A partir de fora, eu te digo que você fez algo ruim e estou te castigando." O castigo é algo que se recebe com uma atitude passiva e de recusa. E o prêmio é algo que pode criar dependência, condicionamento. A criança só age por prêmio, por nenhuma outra razão. Nestes casos, reforçamos o *locus* de controle externo na criança, assim como a lógica da motivação externa. Por outro lado, quando avisamos a criança de antemão e com serenidade acerca das consequências naturais das suas ações, é ela a responsável pelo que venha a ocorrer a seguir, porque sabe que suas ações têm consequências e assume-as como tal. A criança é a verdadeira protagonista de suas ações. Essa postura reforça o *locus* de controle interno dela, assim como a motivação interna. De qualquer forma, podemos perguntar-nos: Quantas crianças terão encontrado motivos transcendentes para melhorar o seu comportamento por medo de não receber presente do Papai Noel?

Mas será que é suficiente uma pessoa saber que é protagonista das suas próprias ações? Às vezes há crianças ou adolescentes que têm a convicção de que podem assumir as rédeas, inclusive que podem conseguir agir por sentido, por motivação transcendente. No entanto, falta-lhes algo para poder levar a cabo essa convicção e agir verdadeiramente com um sentido: a capacidade de autocontrole. Por exemplo, uma pessoa que não tem capacidade para adiar a gratificação, por muito que pense que está agindo por motivação interna, tem um *locus* de controle externo, porque está indo a reboque do prazer que lhe dá a recompensa e não consegue renunciar-lhe por algo melhor ou mais elevado.

Na educação em casa, às vezes tendemos a confundir o pedido de um filho com determinação e perseverança – e pensamos que são manifestações de *locus* de controle e de motivação internas. Pensamos que as crianças que pedem têm uma personalidade forte e vemos isso como um ponto a seu favor. Pensamos que, se o pai recusar esse pedido, a criança vai inibir-se e tornar-se fraca. Não é assim. Se fosse assim, a maravilhosa tarefa de educar não teria sentido. O *locus* de controle interno é algo que vai reforçar-se na criança, pouco a pouco, a partir dos 2 ou 3 anos de idade. Antes não, porque poderia interferir com o bom desenvolvimento da vinculação segura. Tem de ser feito sem autoritarismo – porque então a criança não assume como sua a decisão do seu pai –, e dando sentido às aprendizagens – dando os "porquê" e os "para quê". Em suma, que a criança "peça" não é indicador de *locus* de controle interior, especialmente se ainda não tem a maturidade para fazer um bom uso daquilo que pede ou no caso de ser um menor que pede alguma coisa porque "todo mundo tem", como infelizmente costuma ser o caso. Isto seria precisamente um sintoma do *locus* de controle externo.

Para que uma criança seja um verdadeiro protagonista da sua educação e seja livre, é preciso que tenha um *locus* de controle interno. Nesse sentido, podemos questionar-nos sobre as consequências que uma exposição precoce às NT tem sobre o *locus* de controle e se esta exposição precoce pode reduzir ou amplificar os riscos associados ao uso desses dispositivos.

15
A exposição precoce às novas tecnologias reduz os riscos?

"Em dois anos o problema do *spam* estará resolvido."

Bill Gates, 2004

"Ouça, encontrei uma maneira de criar uma pasta oculta no meu iPad, de forma que nem os nossos pais nem os professores conseguem ver o que colocamos lá dentro. Se você tiver aí um *pendrive*, te passo os vídeos que tenho lá."

Criança do Fundamental I, falando num recreio

Responsável de informática de uma escola que usa iPad: Cada iPad tem uma espécie de mecanismo que avisa quando a criança visita páginas *web* proibidas.
Pai: Mas contratou-se alguém em horário integral para rever o histórico de todas as crianças de toda a escola, todos os dias, e para fazer um acompanhamento dos incidentes? E essa pessoa avisa antes ou depois de o mal estar feito?

A exposição precoce às novas tecnologias (NT) reduz ou potencializa os riscos associados ao seu uso?

Educar na
realidade

Para poder responder a esta pergunta, faremos um breve resumo dos riscos, assim como daquilo o que dizem os estudos relativos às consequências associadas a estes riscos. Talvez a leitura das próximas duas páginas seja um pouco "incômoda", porque ninguém gosta de ser recordado dos riscos que os seus filhos correm. No entanto, optamos por não ignorar estes dados; pensamos que era necessário dedicar algumas, poucas, linhas deste livro a este assunto, sem intenção de assustar ninguém, uma vez que é fundamental para depois responder à pergunta que fazemos no título deste capítulo. E também porque "educar na realidade" passa por estar a par da realidade.

Anteriormente, falamos de estudos que indicam os efeitos prejudiciais da exposição aos aparelhos eletrônicos na primeira infância. A que outros efeitos se associam as horas passadas diante de uma tela na infância e na adolescência?

Um estudo europeu relaciona cada hora em frente à televisão em idade pré-escolar a um quilo a mais de massa corporal[1]; outro conclui que o fato de a televisão estar no quarto da criança, em vez de estar no espaço familiar, aumenta o risco de obesidade[2]. O tempo de televisão, tanto ativo como

---

[1] D. M. Jackson, K. Djafarían, J. Stewart e J. R. Speakman, "Increased television viewing is associated with elevated body fatness but not with lower total energy expenditure in children", *American Journal of Clinical Nutrition*, 89(4), 2009, pp. 1031-1036.

[2] L. H. Epstein, et al., "A randomized trial of the effects of reducing television viewing and computer use on body mass index in young children", *Arch. Pediatr. Adolesc. Med.*, 162(3), 2008, pp. 239-245.

passivo – ter a televisão sempre ligada sem estar assistindo –, está associado a perturbações do sono, tanto na infância como na adolescência[3]. As horas de televisão estão associadas a um aumento da pressão arterial (hipertensão) nas crianças[4], um aumento dos fatores de risco cardiovasculares nos adolescentes[5] e na diminuição da esperança de vida[6]. Entre os jovens dos 14 aos 22 anos, o consumo de televisão está associado aos riscos de desenvolvimento, problemas de concentração, dificuldades de aprendizagem e piores resultados acadêmicos[7].

Um estudo[8] que acompanhou um grupo de crianças desde o seu nascimento até aos 26 anos concluiu que o con-

---

3 D. A. Thompson e D. A. Christakis, "The association between television viewing and irregular sleep schedules among children less than 3 years of age", *Pediatrics*, 116(4), 2005, pp. 851-856; E. J. Paavonen, et al., "TV exposure associated with sleep disturbances in 5-to 6-year-old children", *Journal of Sleep Research*, 15, 2006, pp. 154-161; J. G. Johnson, et al., "Association between television viewing and sleep problems during adolescence and early adulthood", *Archives of Pediatric Medicine*, 158, 2004, pp. 562-568.

4 D. Martinez-Gomez, et al., "Associations between sedentary behavior and blood pressure in young children", *Archives of Pediatrics & Adolescent Medicine*, 163(8), 2009, pp. 724-730.

5 D. Martinez-Gomez, et al., "Excessive TV viewing and cardiovascular disease risk factors in adolescents. The AVENA cross-sectional study", *BMC Public Health*, 10, 2010, p. 274.

6 J. L. Veerman, *et al.*, "Television viewing time and reduced life expectancy: a life table analysis", *Br J Sports Med*, 46(13), 2011, pp. 927-930.

7 J. G. Johnson, *et al.*, "Extensive television viewing and the development of attention and learning dificulties during adolescence", *Arch. Pediatr. Adolesc. Med.*, 161(5), 2007, pp. 480-486.

8 R. J. Hancox, *et al.*, "Association of television viewing during childhood with poor educational achievement", *Archives of Pediatrics Adolescent Medicine*, 159(7), 2005, pp. 614-618.

Educar na
realidade

sumo de televisão, tanto na infância como na adolescência, está associado a piores resultados académicos aos 26 anos, mesmo quando o tempo de consumo era o recomendado – uma ou duas horas por dia.

Na pesquisa citada anteriormente, feita por um operador de telecomunicações[9], 53% dos jovens dos 10 aos 16 anos que usam *smartphones* responderam que acreditam que alguns usos para este dispositivo (não necessariamente adotados por eles) não são adequados. Curiosamente, a pesquisa exclui do conceito "inadequados" os conteúdos que são ilícitos (pedofilia, apologia do terrorismo etc.), pelo que a porcentagem poderia ser ainda mais alta. A análise em profundidade das situações que os menores consideraram inadequadas revela que o acesso a conteúdos violentos (75%) e de carácter sexual (72%) foram as opções mais mencionadas. Já 14% afirmaram que pessoas com quem se dão praticam *sexting* ativo – realização de *selfies*/vídeos em poses *sexy*, provocantes ou inapropriadas –, enquanto 17% praticam *sexting* passivo – receção desse material. Ainda assim, apenas 22% consideraram inadequado, na maior parte das vezes, o envio de imagens de si mesmos em atitude *sexy* ou provocadora.

Cerca de 27% declararam que os seus amigos ou colegas de turma tiveram acesso a fotos ou a vídeos de conteúdo sexual através do *smartphone*, mas os pais só admitiram que tal pode ter acontecido em 2% dos casos. Noutra pesquisa

---

9 Orange e Inteco, *Estudio sobre hábitos seguros en el uso de* smartphones *por los niños y adolescentes españoles*, novembro de 2011.

realizada com adolescentes entre os 14 e os 17 anos, 59% reportaram ter sido expostos a imagens sexuais[10].

SimilarWeb, uma empresa que mede os comportamentos na internet, aponta a Alemanha e a Espanha como os dois países que lideram no consumo de pornografia na internet[11]. Segundo a SimilarWeb, a indústria da pornografia (que gera cerca de 97 bilhões de dólares por ano) representa 8,5% de todo o tráfego na *web*, mais do que o tráfego gerado por todas as redes sociais (7,3%). Pornhub, o principal *site* de pornografia, é o décimo *site* mais visitado na internet (depois do YouTube, Google, Facebook, BBC, Wikipedia, eBay, Yahoo, Amazon e Login.live.com)[12]. Um estudo realizado pela uSwitch.com[13] revela que 3 milhões de famílias inglesas já surpreenderam os seus filhos vendo material violento, explícito ou pornográfico. A idade das crianças "surpreendidas" vendo esse material começava nos dois anos de idade.

Marie-Louise Abretti, a especialista em telecomunicações que realizou este estudo, diz que os *tablets* e os *smartphones* dificultam o trabalho dos pais nesse aspecto.

Quanto à privacidade, 23% dos questionados têm amigos cujas fotos ou vídeos foram difundidos sem o seu

---

10 EU NET ADB, *Investigación sobre conductas adictivas a Internet entre adolescentes europeos*. Realizado entre 2011 e 2012.

11 D. Buchuk, "UK Online Porn Ban: Web Traffic Analysis of Britain's Porn Affair", SimilarWeb, 2013.

12 A partir do tráfego gerado no google.co.uk entre abril e junho de 2013 (realizado pela SimilarWeb).

13 "Children aged two have accessed porn online", *The Telegraph*, 25 de março de 2014.

consentimento. No que diz respeito ao *grooming* (contato de um adulto desconhecido que quer conhecer um menor ou recepção de conteúdos pornográficos ou obscenos de adultos desconhecidos), 16% declaram conhecer casos de amigos que receberam chamadas ou mensagens de pessoas desconhecidas com intenção de conhecê-los, e 9% receberam conteúdos obscenos ou pornográficos. No que toca ao *ciberbullying* (recepção de insultos ou ameaças por parte de iguais), 21% asseguram ter amigos que sofreram essa prática.

No que se refere a casos de vício no *smartphone*, 16% dos jovens sondados reconhecem que sofrem desse vício, enquanto 36% dizem que alguém com quem se dão sofre desse vício. Um estudo recente realizado por 13 investigadores reporta "alterações estruturais múltiplas" no cérebro de adolescentes viciados na internet, o que poderia conduzir à redução da capacidade de inibir comportamentos inapropriados e a uma diminuição da capacidade de ter uma meta[14].

Os menores espanhóis estão conscientes de que as incidências ocorridas no uso do *smartphone* podem constituir um problema. Em concreto, a maioria dos menores considera que esse tipo de circunstâncias são muito ou bastante problemáticas (72%). Só uns 5% afirmam que não representam qualquer problema. A sondagem indica que apenas 8,5% dos pais estão pouco preocupados ou não se preocupam nada com o uso que os seus filhos ou filhas fazem dessas

---

14 K. Yuan, et al., "Microstructure Abnormalities in adolescents with Internet addiction disorder", *PLoS ONE*, 6(6), 2011.

ferramentas, mas salientam que a principal preocupação é com conteúdos impróprios para menores. Cerca de 69% dos pais questionados gostariam de poder limitar o acesso que os seus filhos têm a conteúdos inapropriados.

Voltemos à pergunta formulada no início deste capítulo. Alguns defensores da introdução precoce às NT advogam a rápida educação do menor com o uso responsável das mesmas. O argumento é: se o menor começar a usar, de modo responsável, o quanto antes as NT, haverá menos riscos na adolescência – vícios, consumo de imagens inapropriadas etc. Inclusive, à sustentação deste argumento, temos encontrado recomendações para a compra de *tablets* a crianças de 4 anos. Isto é correto?

A Academia Americana de Psiquiatria para Crianças e Adolescentes diz que

> a habilidade de fazer um clique na internet é muito atraente para uma criança, dada a sua curiosidade e a sua impulsividade naturais, assim como a sua necessidade de gratificação imediata.

Todos sabemos até que ponto esses dispositivos conseguem "prender" as crianças.

Em crianças entre os 10 e os 14 anos ocorre um amadurecimento cerebral[15] que reconfigura o seu sistema de motivação. Está demonstrado[16] que, devido a uma maior

---

15 Sistema dual de Steinberg.
16 Academy of Child and Adolescent Psychiatry, *Children Online. Facts for Families*, 59, 2011.

produção de dopamina no cérebro, as crianças dessa idade tendem a procurar sensações novas de forma especial e crescente. Portanto, durante esse período, a busca pelo que é novo, gratificante ou atraente leva o jovem a valorizar mais as recompensas do que os riscos. Não devemos assustar-nos; esse mecanismo deve ser visto como um "presente da natureza". Quando o jovem se encontra num contexto que respeita a sua natureza, pode dar frutos interessantes. Uma pessoa que toma decisões sem dar demasiada importância aos riscos pode ser mais criativa e inovadora. Também pode tomar decisões radicalmente generosas. Por isso é que dizemos que os jovens "conquistam o mundo". No entanto, os riscos inerentes ao uso de dispositivos digitais e ao uso da internet (*grooming*, *sexting*, conteúdos inadequados, vícios etc.) podem ser potenciados durante esse período. De fato, há estudos que confirmam que as alterações cerebrais que descrevemos anteriormente convertem a adolescência num período crítico para a vulnerabilidade aos vícios[17].

    A resposta é sempre a mesma: os filtros aguentam tudo! Obviamente, as crianças que navegam com filtros têm menos riscos, quando comparadas com crianças que navegam sem filtros. Mas o filtro tem outro efeito colateral, do qual nunca se fala. Diminui a percepção que os pais têm dos riscos. Os pais, ao confiarem que os filtros são *a* resposta, antecipam a idade

---

17 Esses estudos são analisados em: R. A. Chambers, J. R. Tayor e M. N. Potenza, "Developmental Neurocircuitry of Motivation in Adolescence: A Critical Period of Addiction Vulnerability", *The American Journal of Psychiatry*, 160(6), 2003, pp. 1041-1052.

de introdução das crianças às NT, deixam entrar a internet nos quartos dos seus filhos etc. Portanto, se é verdade que se devem usar os filtros, e que estes diminuem os riscos, temos de reconhecer que os riscos são maiores para uma criança que navega com filtros do que para uma criança que simplesmente não navega. Quando uma criança ou um jovem tem acesso à internet, caso não tenha a maturidade suficiente para gerir a atenção e a sua procura natural por sensações novas, um filtro é como cercar o pasto. Especialmente se estamos falando de dispositivos móveis que podem conectar-se à internet em qualquer lugar. De fato, o conhecido *hacker* Kevin Mitnick diz:

> As organizações gastam milhões de dólares em *firewalls* e dispositivos de segurança, mas estão desperdiçando dinheiro, porque nenhuma destas medidas cobre o elo mais fraco da corrente de segurança: as pessoas que usam e administram os computadores".

Bruce Schneier, norte-americano especialista em segurança informática, tem a mesma opinião: "Se você pensa que a tecnologia pode solucionar seus problemas de segurança, é óbvio que não entende os problemas nem entende a tecnologia". Perguntem a respeito disso às escolas de Los Angeles, nos Estados Unidos. Depois de terem pago bilhões de dólares pela compra de iPad, 300 alunos conseguiram, no prazo de uma semana, piratear o sistema de segurança da escola, evitando todos os filtros[18].

---

18 H. Blume, "LAUSD halts home use of iPads for students after device hacked", *Los Angeles Times*, 25 de setembro de 2013.

Educar na
realidade

Pode parecer incrível, mas num estudo[19] realizado com jovens entre os 12 e os 18 anos descobriu-se que o controle parental (regras, revisão do histórico e filtros) não era um elemento diferenciador entre os que consumiam ou não pornografia. Nesse mesmo estudo associava-se o maior consumo de pornografia à carência de vínculo emocional entre o jovem e o seu cuidador principal. Vemos, novamente, que é necessária a consolidação de relações interpessoais de qualidade, e que deve ser prévia à entrada no mundo digital, assim como o desenvolvimento de uma série de virtudes, como, a temperança. A temperança não se refere à ausência de vigor, mas sim à interiorização do adiamento da gratificação e da existência de limites. A temperança pode interpor-se aos riscos associados à procura de sensações. Como se adquire temperança? Vivendo de frente para a realidade. A realidade dá temperança à alma.

No ano passado, dei-me conta da popularidade crescente de umas jornadas de acampamento para crianças durante as quais estas passavam por um chamado "circuito de frustração". Perguntei, intrigada, em que consistia. Explicaram-me que os pais estavam dispostos a pagar para que os seus filhos pudessem experimentar a frustração.

Perguntei a mim mesma: "Não está a vida cheia de oportunidades para aprender a gerir a frustração?". Entendi,

---

[19] M. L. Ybarra e K. L. Mitchell, "Exposure to Internet Pornography among Children and Adolescents: A National Survey", *Cyberpsychology & Behavior*, 8(5), 2005, pp. 473-486.

então, que, uma vez que alguns pais não sabiam gerir muito bem a reação desagradável perante um "não", seus filhos acostumavam-se a não receber essa resposta e, portanto, não sabiam como gerir a frustração. Uma criança que não tolera a frustração é uma criança frágil, caprichosa, incapaz de adiar a gratificação. Essa criança dificilmente será feliz na vida, apesar de passar a vida em busca da felicidade, porque a vida pressupõe certas frustrações, dificuldades e sofrimentos. Também é difícil que tenha êxito, porque na vida é preciso renunciar a muitas coisas para conseguir outras melhores.

Todos conhecemos o estudo do chocolate, realizado na Universidade Stanford entre 1968 e 1970, com 653 crianças de 4 anos. Deixaram as crianças numa sala com um pequeno chocolate e disseram-lhes que, se esperassem antes de comê--lo, dar-lhes-iam outro. Cronometraram o tempo que eles levaram até comer o chocolate e depois analisaram os fatores associados à capacidade de atrasar a gratificação. Descobriram que a capacidade de controlar a atenção era fator-chave para adiar a gratificação. Uma criança de 4 anos que não consiga resistir a olhar para o chocolate e que se imagine a comê-lo, acabará mesmo por fazê-lo. Outra que seja capaz de focar a atenção para "resistir à tentação", conseguirá esperar mais tempo. Nesse sentido, podemos perguntar-nos pelos efeitos que a multitarefa tecnológica pode ter nas crianças, já que, como vimos, há estudos que dão conta que esse tipo de multitarefa dispersa a atenção (dificulta o focar e desfocar) e converte os alunos em apaixonados pela irrelevância. Anos depois, estudaram[20] outra vez as crianças daquela época, agora adultos. Descobriram que as de 4 anos que tinham aguentado esperar mais tempo até comer o chocolate obtinham, na idade adulta, melhores resultados académicos, na gestão da frustração e do estresse e tinham uma melhor capacidade de focar estrategicamente a atenção. No grupo dos adultos que, quando crianças, tinham sido capazes de adiar a gratificação, havia menos uso de drogas ilegais, especialmente entre as crianças que eram vulneráveis de um ponto de vista psicológico[21]. Então, antecipar a idade de uso das NT diminui os riscos associados ao seu uso? É pouco provável que a exposição a conteúdos rápidos, imediatos ou a aplicativos de jogos associados a recompensas sejam ambientes favoráveis à educação relativa ao adiamento das gratificações. De fato, existe uma relação entre o ritmo acelerado da tela (neste estudo[22], crianças de 4 anos assistiram a nove minutos de Bob Esponja), a falta de atenção e a dificuldade de adiar a gratificação. Vemos que o argumento da dieta digital não é a

---

20 Y. Shoda, W. Mischel e P. K. Peake, "Predicting Adolescent Cognitive and Self-Regulatory Competencies from Preschool Delay of Gratification: Identifying Diagnostic Conditions", *Developmental Psychology*, 26(6), 1990, pp. 978-986.

21 O. Ayduk, R. Mendoza-Denton, W. Mischel, G. Downey, P. Peake e M. Rodriguez, "Regulating the Interpersonal Self: Strategic Self-Regulation for Coping With Rejection Sensitivity", *Journal of Personality and Social Psychology*, 79(5), 2000, pp. 776-792.

22 A. S. Lillard e J. Peterson, "The immediate impact of different types of television on young children's executive function", *Pediatrics*, 128(4), 2011, pp. 644-649.

solução para todos os males, já que com apenas nove minutos de tempo de tela os efeitos não tardam a notar-se. É pouco provável que uma criança que tem tudo a um clique de distância, simplesmente por "pedi-lo", possa desenvolver essa capacidade de adiar a gratificação. A educação na temperança começa na infância, quando uma criança vai a uma festa de aniversário e a sua mãe lhe pede, com carinho e ternura, que coma apenas uma goma e ponha as restantes num saquinho para dar aos meninos desfavorecidos, quando a criança espera a sua vez de falar durante o jantar da família, quando está num ambiente que não satura os seus sentidos, quando segue a um ritmo que respeita a sua ordem interna, quando deseja as coisas antes de tê-las e não as dá como ganhas, quando é ensinado a cuidar dos seus brinquedos, dos seus livros e da sua roupa para poder passá-los aos seus irmãos ou quando damos mais importância a um entardecer lento do que a uma tarde num parque de diversões.

Julgar que as crianças podem aprender a fazer um "uso responsável" das NT dando-lhes, o quanto antes, um dispositivo é o equivalente a ensinar-lhes a desenvolver o seu sentido de orientação espacial levando-as a brincar de esconde-esconde em um centro comercial de 40 mil metros quadrados num sábado à tarde. A melhor preparação para o uso posterior das NT faz-se *off line*, no mundo real. A criança com temperança tem uma das chaves para poder agir com sentido: sabe renunciar a algo que é bom para conseguir algo ainda melhor. A criança que sabe o "porquê" e "para quê" faz as coisas tem motivos para agir. Por exemplo, para poder renunciar a uma festa com amigos com o objetivo de ter a cabeça fresca e estudar no dia seguinte é preciso ter um sentido claro daquilo que pressupõe essa renúncia. É preciso ter uma motivação vital transcendente muito clara, não só externa (apetece-me porque me dá prazer) como interna (divirto-me enquanto o faço).

Quando as crianças não são capazes de adiar a gratificação, a sua liberdade de escolher pode ser uma ilusão, porque por muito "claras" que tenham as coisas, não serão capazes de escolher o bom ou renunciar a algo bom para ter algo melhor. O passo seguinte é confundir a liberdade – que é a capacidade de escolher o bom – com um mero "infinito leque de oportunidades entre as quais se pode escolher".

> Amigo (na terça-feira): "Você virá a uma festa este fim de semana?"
> Adolescente: "Depois a gente vê, ainda não sei o que vou fazer."
> Outro amigo (na quarta-feira): "Vamos nos encontrar para tomar alguma coisa no sábado?"
> Adolescente: "Sim, sim, depois marcamos."
> Pai (na quinta-feira): "Este fim de semana vamos à montanha, você gostaria de vir também?"
> Adolescente: "Não sei, depois a gente vê."

Ser livre consistiria, então, em gerar cada vez mais alternativas para guardá-las na manga, mas sem nos comprometermos com qualquer uma delas. O adolescente que tenha crescido com esse paradigma nunca se compromete no plano das relações interpessoais, ainda que, do seu ponto de vista, esteja muito comprometido porque responde em tempo real a cada um dos conteúdos que lhe mandam os seus 400 amigos no Facebook e os seus 200 seguidores no Twitter ou no Instagram.

O adiamento da gratificação e o *locus* de controle são assuntos-chave no uso das NT. Por exemplo, quem tem as rédeas num *video game*, num aplicativo – por muito educativo que seja –, na internet, no uso precoce das redes sociais? Numa mente ainda imatura, o *locus* de controle é externo, claramente. A criança é absorvida por sistemas (internet, aplicativos, *video games* etc.) que a bombardeiam com novidades, com imagens rápidas e com gratificações (pontos, *likes*, imagens que "agarram", sensação de ter "ganhado" etc.) que são externas a ela. Quem tem as rédeas é a maquininha, não a criança. A maquininha, o *tablet* e o celular "motivam" a criança, mas trata-se de uma motivação "externa", o *locus* de controle é externo à criança. A prova disso é que existem numerosos estudos sobre o uso dos *tablets* nas aulas que reportam uma melhoria na motivação das crianças (*the engagement*), mas, no entanto, não há um conjunto de estudos que reportem uma melhoria dos resultados acadêmicos. Essa distinção é muito significativa. Em mentes ainda imaturas e nas quais ainda não estão consolidados a capacidade de autocontrole e o *locus* de controle interno, as NT motivam para a diversão, procurando a criança sensações novas, mas

Educar na
realidade

não motivam para a aprendizagem, porque não geram por si mesmas a motivação interna ou transcendente que é chave para uma aprendizagem pessoal (que se inicia a partir de dentro) e verdadeira (que tem sentido).

Assim, podemos questionar a lógica de falar em "uso responsável" das NT em certas idades. O "uso responsável" implica responsabilidade por parte da criança ou do jovem. Se não há capacidade de autocontrole ou *locus* de controle interno, não há liberdade, porque a criança está atada, não tem a capacidade de escolher e de comprometer-se com o que é bom. Na medida em que as crianças ainda não têm essa força de vontade desenvolvida através do adiamento da gratificação, e que esses dispositivos e aplicações são "feitos" para "agarrá-los", não é um pouco absurdo falar em "uso responsável"? O "uso responsável" é outra falácia, outra "música" de fundo introduzida por muitas associações que protegem o menor e que atuam com o patrocínio das empresas de telecomunicações. Esse argumento contribui para antecipar a idade de uso das NT e, portanto, para favorecer os resultados das empresas que as vendem.

Outro dado significativo é que os especialistas que investigam o Transtorno de Déficit de Atenção com Hiperatividade (TDAH) e que estudam o seu diagnóstico fazem a distinção entre o déficit de atenção quando uma criança está em frente à tela e quando está no mundo real. O TDAH não pode ser avaliado quando se observa a criança em frente à tela. Por quê? Todos já nos teremos dado conta da facilidade com que uma criança com déficit de atenção pode estar horas e horas em frente à tela.

> Doutor, a escola disse-me que o meu filho tem déficit de atenção, mas nós duvidamos que ele o tenha, porque em casa consegue ficar horas sem pestanejar em frente da televisão.

É algo parecido com o que os professores observam nas aulas tecnológicas:

> Com a introdução dos iPad nas nossas escolas, reduzimos os problemas de comportamento e de desmotivação; as crianças prestam atenção nas aulas, não tiram o olho da tela.

Ambas as situações têm a sua explicação. O doutor Christopher Lucas, professor de Psiquiatria Infantil da Universidade de Nova York, diz que a atenção que uma criança presta à tela "não é uma atenção sustentada na ausência de recompensa, é atenção sustentada nas recompensas frequentes e intermitentes"[23]. Quando a criança presta atenção à tela num sistema que a absorve, não é por esforço seu, mas sim porque o *locus* de controle é externo. Portanto, não é indicador de uma boa atenção.

---

[23] P. Klass, "Fixated by Screens, but Seemingly Nothing Else", *The New York Times*, 9 de maio de 2011.

16
Psiiiiiuuu! Prestemos atenção!

> "Aqueles que são infelizes não precisam de nada neste mundo a não ser de pessoas que sejam capazes de lhes dar atenção. A atenção é a mais rara e pura forma de generosidade."
>
> SIMONE WEIL

Hoje em dia, um dos bens mais escassos na vida, seja no âmbito pessoal, familiar ou profissional, é a atenção. Insistimos em dizer que o bem mais escasso é o tempo, mas há tanto tempo hoje como sempre houve. Vinte e quatro horas num dia: isso não mudou, nem nunca mudará. No entanto, o que mudou é que não prestamos atenção suficiente ao essencial, ao importante, ao que tem sentido. Pablo d'Ors diz: "A atenção que prestamos a algo é o termômetro mais exato do nosso amor." Mas qual é o processo através do qual prestamos atenção?

Na literatura científica utiliza-se a metáfora do porteiro numa discoteca para ilustrar o papel da atenção. O porteiro é a atenção, e a discoteca é a memória de trabalho[1]. A me-

---

[1] Esta metáfora, como qualquer metáfora, é imperfeita, uma vez que a memória de trabalho e a atenção funcionam juntas, não em separado. Além disso, a memória de trabalho não é, estritamente falando, um lugar físico.

Educar na
realidade

mória de trabalho é como um armazém temporal no qual se processa a informação atendida, à qual prestamos atenção. Os estudos demonstram que prestar atenção é chave para que a memória de trabalho funcione. A memória de trabalho é importantíssima, até foi identificada como um indicador fiável para prever o êxito acadêmico[2]. Mais ainda do que o quociente de inteligência! A atenção é a capacidade de filtrar e selecionar a informação relevante.

Prossigamos com essa metáfora. Se o porteiro não faz uma boa seleção de quem pode entrar ou não, então a discoteca (metáfora para "memória de trabalho") colapsa. Uma memória de trabalho colapsada não pode trabalhar adequadamente. A consequência? Mais erros, dificuldades na aprendizagem, deterioração da qualidade e da profundidade do pensamento, perda do sentido de relevância etc.

Conclusão? Primeiro, devemos assumir que a discoteca não tem um espaço infinito. Já vimos anteriormente que não é verdade que a nossa memória seja infinita. A capacidade da memória de trabalho é limitada, portanto, devemos ter muito cuidado com o que deixamos entrar. E não apenas em quantidade, mas também em qualidade.

Segundo, é importante dedicar os primeiros anos da infância e da juventude a dar a formação humanística necessária para desenvolver os critérios de relevância e sentido que

---

2 T. P. Alloway e R. G. Alloway, "Investigating the predictive roles of working memory and IQ in academic attainment", *Journal of Experimental Child Psychology*, 106(1), 2010, pp. 20-29.

permitam à criança, *a posteriori*, decidir ao que vale a pena dar atenção. Nesse sentido, todos os métodos e ferramentas (digitais ou não) que atuam sobre a alavanca de motivação externa não ajudam, porque desenvolvem na criança uma atitude passiva. O tempo será muito mais bem investido se ajudarmos a criança a discernir: O que é relevante ou não? Por quê? O que é belo e o que não é? O que é verdade e o que não é? O que é bom e o que não é? Que significa o sentido de intimidade? Por quê? Qual é a informação que procuro agora mesmo? Por que estou a procurá-la? Para que estou a procurá-la? Com quem me importo e em quem posso confiar? O que é opinião, fato, dados fiáveis e dados não comprovados? Por quê? Quem sou eu? Sem o autocontrole, o sentido de intimidade, o sentido estético, a capacidade de filtrar o que é relevante e muitas outras qualidades e virtudes, o "porteiro da memória de trabalho" de uma criança não aguenta a avalancha de informação, de luzes, de músicas etc., que as telas lhe oferecem.

É imprescindível que a criança ou o adolescente tenham desenvolvido objetivos vitais antes de se embrenharem cada vez mais num mundo que solicita continuamente a sua atenção. Regressemos à definição de que a educação é a busca da perfeição de que é capaz a nossa natureza, usando novamente a metáfora do copo de vidro. É importante pôr primeiro no copo as peças grandes, as mais importantes. Mobilar muito bem a cabeça, desenvolvendo critérios claros de relevância. Depois vamos colocando as peças médias e, finalmente, as peças pequenas. No final podemos, inclusi-

Educar na
realidade

vamente, acrescentar água ao copo. E haverá espaço para tudo isso. Se começarmos pela água e pelas peças pequenas, as grandes não caberão. Nesse sentido, podemos dizer que a crise educacional atual é, em grande medida, uma crise de atenção. As crianças estão soterradas com dados fragmentados que as impedem de captar o essencial: sentido. Acostumamos as crianças a ritmos que não estão em harmonia com os seus ritmos internos, fizêmo-las depender de sobre-estímulos externos que anulam o seu desejo de aprender. E, portanto, a sua atenção diminuiu, sofreram uma dispersão da atenção.

Os estudos explicam que a atenção pode ser dirigida voluntariamente ou pode ser absorvida pelos estímulos do ambiente. Num estudo[3] descobriu-se que a capacidade de superar uma distração varia de pessoa para pessoa. Mas de que depende essa variação? Nesse mesmo estudo conclui-se que a dificuldade de prestar atenção, associada a uma baixa capacidade de memória de trabalho, pode ser consequência de um déficit na habilidade de filtrar a informação que nos chega involuntariamente de fora e que nos distrai. Por outro lado, o estudo conclui que a capacidade de filtrar a informação, baseando-se em objetivos, ajuda a gerir bem a atenção. Daí a importância de ter objetivos claros, não nos deixando apenas levar passivamente. Os objetivos são as pedras grandes, as que devemos colocar em primeiro lugar no copo de vidro, segundo a metáfora mencionada anteriormente.

---

3 K. Fukuda e E. K. Vogel, "Human variation in overriding attentional capture", *The Journal of Neuroscience,* 29(27), 2009, pp. 8726-8733.

Uma das vantagens da tecnologia é que temos acesso a toda a informação num clique. Mas antes de fazer clique, é preciso formar o porteiro em reconhecimento do que tem sentido e do que não tem, e em dar prioridades à informação, reconhecendo que a memória de trabalho é limitada. Não é razoável querer o desenvolvimento dessa capacidade de reconhecer o que tem ou não sentido colocando um *tablet* nas mãos das crianças. Discernir o que é relevante do que não é relevante não é uma habilidade técnica e não consiste em "conhecer", consiste em "pensar", uma atividade profundamente humana.

Sem sentido, a atenção dispersa-se. Sem autocontrolo, o critério de relevância seria completamente irrelevante, porque a pessoa não é capaz de filtrar o que é importante. Sem atenção, o sentido é como uma estrela por detrás de um céu nublado; não se vê. Sem atenção, os nossos filhos tornam-se apaixonados da irrelevância! Pablo d'Ors, na sua narrativa da autobiografia de Charles de Foucault, diz que

> a maior miséria do homem é a sua dispersão. Dispersos estamos em muitas partes e em nenhuma, e é assim que começamos por não nos encontrarmos e terminamos por nem sequer saber quem somos.

Não foi por acaso que Isaac Newton atribuiu as suas descobertas "à atenção paciente, mais do que a qualquer outro talento". Nem todas as crianças podem ser Newton. E essa também não deveria ser a meta dos pais ou do sis-

Educar na
realidade

tema educacional. Mas suponhamos que o nosso filho tem talento para, algum dia, chegar ao Prêmio Nobel. Encarar a educação como uma mera acumulação de conhecimentos enciclopédicos e investir em arsenais tecnológicos que vão convertê-los em apaixonados da irrelevância pode fazer com que nunca atinjam essa meta, nem cheguem perto. Nesse sentido, podemos perguntar o que teria acontecido a Mozart, a Picasso, Sócrates ou Cervantes se um desses dispositivos lhes tivesse caído nas mãos aos 8 anos.

Atualmente a atenção dos nossos filhos está perdida em dispersão. O que é o contrário da dispersão? A atração. O que atrai? A beleza. A beleza do esplendor da realidade.

17
O esplendor da realidade

"Não nos deveria surpreender que uma criança que brinca no parque ou na rua tenha uma mentalidade diferente de outra que se limita ao seu quarto. Preocupa-me o tempo que a criança passa em frente à tela. Não está vivendo uma vida plena, vive uma vida em duas dimensões."

BARONESA GREENFIELD, neurocientista inglesa

"O mal (a ignorância) é como uma sombra: carece de matéria, é simplesmente falta de luz. Não consegues fazer desaparecer uma sombra lutando contra ela, pisando-a, queixando-te amargamente dela, ou utilizando qualquer outra forma de resistência emocional ou física. Para provocar o desaparecimento de uma sombra, deves lançar luz sobre ela."

SHAKTI GAWAIN

Na sua obra *A República*[1], o filósofo grego Platão explica a já muito conhecida alegoria da caverna, que vamos recordar sucintamente.

---

1 Platão, *A República*, Alianza Editorial, Madri, 2011.

Educar na *realidade*

Imaginem várias pessoas, acorrentadas pelos pés e pela cabeça desde crianças, numa gruta. As correntes obrigam-nas a olhar continuamente para uma parede que se encontra no fundo da caverna. Atrás, entre elas e a longínqua abertura da caverna, está uma fogueira muito grande, da qual, logicamente, emana luz. Entre os acorrentados e o fogo, algumas pessoas movem-se e levantam os braços com diversos objetos. Recordemos que os prisioneiros têm correntes que os impedem de girar a cabeça, pelo que só veem, projetadas na parede, as sombras daquelas pessoas e objetos que se encontram entre elas e o fogo. Os prisioneiros também não se veem uns aos outros, mas, dialogando entre si, veem e dão nomes às suas sombras, assim como às das pessoas e dos objetos que se movem, sombras que eles têm como as únicas coisas "reais".

Platão reflete sobre o que aconteceria se algum desses prisioneiros conseguisse desatar-se e curar-se da sua ignorância, voltando-se para a luz da fogueira. Diz que por causa do encandeamento causado pela luz da fogueira seria incapaz de distinguir a realidade das coisas cujas sombras antes via muito bem. Ao ser questionado sobre o nome de cada um dos objetos reais cuja sombra antes via, teria dificuldade em fazê-lo e consideraria que as coisas que via antes eram mais reais do que as que estava vendo agora.

Platão prossegue com a sua reflexão. O que aconteceria "se fosse arrastado à força por uma encosta escarpada, a pique, sem o soltarem até chegar à luz do Sol? Por acaso não sofreria, irritando-se por ser arrastado, e, ao chegar à luz, não teria os olhos cheios de brilhos que o impediriam de ver um único objeto dos que agora dizemos que são os verdadeiros?" E, prossegue Platão, explicando o efeito que essa situação teria no prisioneiro libertado:

> Precisaria de se acostumar para poder conseguir ver as coisas de cima. Em primeiro lugar, veria com maior facilidade as sombras, e depois as figuras dos homens e dos outros objetos refletidos na água, depois os homens e os objetos propriamente ditos. Em seguida, contemplaria de noite o que há no céu e o próprio céu, olhando a luz dos astros e a Lua mais facilmente do que, durante o dia, o Sol e a luz do Sol. [...] Finalmente, penso, poderia ver o Sol, já não em imagens na água ou noutros lugares que lhe são estranhos, mas sim contemplá-lo como é em si e por si, no seu próprio lugar. [...] Depois concluiria, a respeito do Sol, que é ele que causa as estações e os anos e que dirige todo o mundo visível e que é, de alguma forma, responsável pelas coisas que eles tinham visto.

Então, o prisioneiro libertado se recordaria dos seus companheiros cativos e sentiria compaixão para com eles.

Finalmente, Platão explica o que aconteceria se esse prisioneiro descesse outra vez à caverna para voltar a ocupar o seu posto:

> Não teria os olhos cheios de trevas, ao chegar repentinamente do Sol? [...]. E se tivesse de identificar de novo aquelas sombras, em árdua concorrência com aqueles que tinham ficado acorrentados todo este tempo, com a visão confusa

Educar na
realidade

>até se reacostumar ao novo estado [...], não estaria exposto ao ridículo e a que dissessem dele que, por ter subido até ao topo, tinha estragado os olhos, e que não valia a pena sequer tentar ir lá acima?

Se Platão vivesse atualmente entre nós, ficaria espantado com a atualidade do seu próprio texto. Mais do que um texto que ele quis que fosse filosófico[2], parece ter sido escrito, há 25 séculos, como uma paródia para ilustrar a dicotomia atual que pode existir entre o mundo virtual e o real. Esperemos que Platão não fique incomodado em demasia por usarmos a sua alegoria para descrever essa dicotomia. Inclusive, há um momento no qual o muro da caverna se parece, curiosamente, com uma das redes sociais, quando o prisioneiro libertado recorda os momentos passados na caverna,

>as honras e elogios que davam uns aos outros, e as recompensas dadas àquele que tivesse uma visão mais aguda, para discernir as sombras dos objetos que passavam atrás do tabique, àquele que melhor recordasse quais as que habitualmente passavam e quais iriam passar depois, e àquele que fosse capaz de adivinhar qual iria passar a seguir.

E a história chega mesmo a descrever, metaforicamente, a reação descontrolada que o transe tecnológico pode dar a quem o sofre, em face àquele que não o sofre:

---

2 A metafísica do texto de Platão estabelece uma dicotomia entre a realidade sensível e o mundo das ideias, perspectiva que não tratamos neste livro.

Não se ririam e não diriam dele que, por ter subido a encosta, tinha regressado com os olhos estragados e que não vale a pena tentar uma semelhante subida? E não matariam, se encontrassem uma forma de lhe deitar a mão, quem tentasse desatá-los e fazê-los subir?"

Por muito que falemos de "realidade" virtual, este mundo é apenas um mero reflexo da realidade. O reflexo é real? Sim, mas é uma realidade diluída, que é sombra de outras que são muito mais reais. Por detrás de um perfil do Facebook, que não aceita mais matizes do que "gosto" ou "já não gosto", há uma pessoa real, autêntica, com matizes, anseios, preocupações, necessidades, luzes e sombras que nem sempre se podem refletir num mural. E se tentasse fazê-lo, perderia toda a autenticidade e encanto. Por detrás de uma cara alegre no WhatsApp, pode haver muito mais do que um sorriso, ou mesmo o inverso: tristeza, necessidade de amar, autoestima baixa, solidão etc. Por detrás da imagem obscena de uma mulher que circula na internet, há uma pessoa real com nome e apelidos, há uma infância cuja inocência terá sido encurtada, com uma história pessoal e familiar, e há toda uma indústria que lucra com essa imagem, que muitas vezes reflete pouco a realidade, porque, além de tudo o mais, foi retocada.

Os nossos filhos têm de crescer no mundo real, não acorrentados na caverna das sombras. Têm de começar o dia a subir a persiana e a ver o céu para tomar a decisão de se vestirem para um dia frio, quente ou chuvoso. É inadmissível que vão à procura dessa informação num *smartphone*! E que o seu primeiro e último pensamento seja olhar para o celular. Em suma, é inadmissível que gastem os melhores anos das suas vidas com o nariz metido nas telas. A baronesa Greenfield, neurocientista, diz que

> o desafio para os pais e professores, e para todos nós como sociedade, é o de configurar o meio para que seja mais atraente para uma criança ver a vida em três dimensões do que sentar-se em frente de um computador.

Como vimos no início do livro, uma criança de 18 meses prefere ver os acontecimentos pessoalmente a vê--los através de uma tela. Isso é a prova de que a realidade tem força suficiente por si mesma, porque nascemos com a curiosidade que faz com que nos interessemos por ela. O ser humano foi feito para aprender por meio da realidade. No entanto, chega um momento em que o meio distorce essa capacidade. A criança, através do bombardeamento de informações e do ritmo frenético da multitarefa tecnológica, perde a curiosidade e, portanto, o seu interesse em conhecer a realidade. Mediante a gratificação que lhe dão os jogos, fica "presa". A partir do momento em que uma criança está "presa", a solução não pode ser converter a realidade em algo tão rápido como o que acontece nas telas. Não podemos querer competir com a tela numa mente imatura; é uma batalha perdida. Se o quiséssemos fazer, teríamos de expor a criança a, pelo menos, 7,5 mudanças súbitas de cena por minuto, que foi o que um estudo norte-americano[3] observou após ter analisado 59 DVD, supostamente educacionais, dirigidos a crianças com menos de 3 anos. Isto quer dizer que os nossos lares e as nossas salas de aula deveriam converter-se em espetáculos de diversão contínuos, em vez de serem locais propícios à aprendizagem.

A solução passa por estrear o mundo ao vivo, não por meio de uma tela. Francesco Tonucci diz que "a escola deve ser capaz de ler a realidade concreta que rodeia a criança. A geografia é a do seu bairro; a história, a da sua família". Tanto o lar como a escola têm de ser locais que ajudem a criança a decifrar a realidade. Os nossos filhos devem cheirar o musgo, escutar os grilos, contar estrelas, tocar na pele dos pêssegos, perder-se no olhar dos seus pais, saber ler a tristeza no rosto de um amigo e sentir compaixão enquanto o fazem, apreciar o reflexo da luz nas gotas da chuva e sentir no tato a erva que pica. E precisam entender o sentido do que veem e vivem. Para isso é preciso educar na curiosidade e na beleza, a partir da curiosidade e da beleza. Os pais e os professores devem ser, eles próprios, curiosos perante o mundo real. Como dizia Rachel Carson:

> Para manter vivo numa criança o seu sentido inato de curiosidade [...] é preciso a companhia de, pelo menos, um adulto

---

[3] S. A. Goodrich, T. A. Pempek e S. L. Calvert, "Formal Production Features of Infant and Toddler DVDs", *Arch. Pediatr. Adolesc. Med.*, 163(12), 2009, pp. 1151-1156.

com quem possa partilhá-lo, redescobrindo com ele a alegria, a expectativa e o mistério do mundo em que vivemos.

Ainda que ocorra no mundo "real" uma linguagem discursiva simples, se esta é desconectada da vida e das oportunidades de relações pessoais, simplesmente não é compreensível para a criança ou para o jovem.

A criança a rejeitaria, por não ser relevante, e iria à procura de algo mais "interessante" dentro da caverna. O contato com o mundo real deve levar a criança a procurar o arco-íris quando o Sol e a chuva convergem, ou concluir, a respeito do Sol, que é ele a causa das estações e dos anos, que dirige tudo no mundo visível e que, de alguma maneira, é a causa de coisas que ela tinha visto, como diz Platão.

Não é suficiente questionarmo-nos sobre se uma circunstância é daninha por si mesma. Certamente não é daninho manter uma pessoa a olhar para sombras no fundo de uma gruta. Pode, inclusive, ser uma atividade curiosa e interessante se a planejarmos como um passeio que traz algo positivo. O problema é quando essa atividade não faz sentido em face dos objetivos da educação e, concretamente, quando essa é a atividade principal dos nossos filhos. O problema é quando, segundo as pesquisas[4], as crianças e os jovens passam mais de oito horas por dia nisto, quando 64% das famílias

---

4 Kaiser Family Foundation, *Generation M2, Media in the Lives of 8-to 18-Year-Olds. A Kaiser Family Foundation Study,* The Henry J. Kaiser Family Foundation, Califórnia, 2010; Common Sense Media, *Zero to Eight: Children's Media Use in America,* 2011.

têm a televisão acesa durante o jantar, quando 45% dos lares têm a televisão acesa em contínuo, inclusive quando ninguém a está assistindo, quando uma em cada três crianças pequenas e 71% das crianças e jovens têm televisão no quarto. O problema é, como diz Wayne Dyer, que "o nível mais alto de ignorância seja quando se rejeita algo do qual não se sabe nada". Platão diz, no início da sua obra, que os prisioneiros estão acorrentados desde a infância. Eles não se recordam de ter visto a realidade, pelo que as sombras parecem-lhes o mais real que possa haver. Por isso não sonham em sair da gruta.

Pelas horas que passam em frente à tela, algumas crianças podem ter um *déficit de realidade*. Talvez isto nos pareça um pouco exagerado. Para um imigrante digital, isso é pouco provável, porque nós estreamos uma grande parte do mundo que conhecemos "ao vivo", através da realidade. Um estudo[5] revela que, desde 1997, os seres humanos passam mais tempo na frente das telas do que interagindo com outros seres humanos. Antigamente não era assim. Portanto, nem sempre os nativos digitais estrearam o mundo ao vivo. Por exemplo, quantas crianças estrearam a realidade através da tela? Quantas crianças viram um cavalo num *tablet*, mas não sabem como é o seu cheiro, como é ao tocá-lo, que barulhos faz e quão alto é?

Como vimos anteriormente, já foi provado que os bebês e as crianças pequenas aprendem menos com uma

---

[5] A. Sigman, "Well connected? The biological implications of "social networking"", *The Biologist*, 56(1), 2009, pp. 14-20.

Educar na
realidade

imagem em duas dimensões do que com uma situação real, cara a cara. O *Video Deficit Effect* (efeito deficitário do vídeo) é reconhecido em vários estudos no âmbito da pediatria[6]. Além disso, um estudo[7] que compara as reações dos bebês diante da televisão e diante de acontecimentos reais conclui que os bebês olham mais tempo, prestam mais atenção, têm mais interesse e expressam mais reações diante de situações reais. Além disso, quando lhes davam a escolher entre acontecimentos virtuais e reais, preferiam os acontecimentos reais. As crianças estão sedentas de realidade. Mas se estão sedentas de realidade, por que pedem, então, os aparelhos digitais? E por que razão não os pedem outras crianças?

– O teu filho não tem iPad?
– Não, e olha que também não o pede.
– Pois, o mais estranho é que não te peça.
– Sim, estamos tão preocupados que já pensamos levá-lo a um psiquiatra infantil.

O que faz com que umas crianças o peçam e outras não? Uma criança pede sistematicamente os aparelhos eletrônicos quando o ambiente está a sobre-estimulá-la e a faz entrar no "ciclo vicioso da diversão", do qual falamos

---

6 D. R. Anderson e T. A. Pempek, "Television and very Young Children", *Am. Behav. Sci.*, 48, 2005, pp. 505-522.

7 M. L. Diener, S. L. Pierroutsakos, G. L. Troseth e A. Roberts, "Video versus reality: infant's attention and affective responses to video and live presentations", *Media Psychol.*, 11(3), 2008, pp. 418-441.

em detalhe no livro *Educar na curiosidade*. Anteriormente, dissemos que as crianças nascem com curiosidade, o que as motiva a conhecer o que as rodeia, a sintonizarem-se com a beleza da realidade, a procurar sentido (motivação interna ou transcendente). Quando a criança está sobre-estimulada pelas telas, essa curiosidade apaga-se pouco a pouco. A fonte externa de motivação (externa) substitui a sua curiosidade e pode, inclusive, criar comportamentos de dependência ou de vício na criança. Como se inverte isto? Platão diz:

> Na alma de cada um de nós existe o poder de aprender, e o órgão destinado a isso, e que, assim como o olho não pode virar-se para a luz, deixando as trevas, se não girarmos todo o corpo, também deve ser desviado juntamente com a alma toda das coisas que se alteram, até que se torne capaz de suportar a contemplação do Ser e do que há de mais luminoso no Ser. A isso chamamos o Bem, não é verdade? […]

Por conseguinte, a educação é a arte de conseguir fazer girar esse órgão da alma, do modo mais fácil e mais eficaz que se conseguir. Não como se se desse uma visão ao órgão da alma, visto que já a tem; mas sim, caso este esteja mal orientado e não olhe para onde deve, possibilitar a sua correção.

"Ser capaz de suportar a contemplação do Ser" é ter curiosidade perante a realidade. Uma criança que deixou de o fazer tem de "girar esse órgão da alma […], não como se lhe desse uma visão, visto que já a tem", mas girando o corpo na direção da realidade, "possibilitando a correção". "Visto

Educar na
realidade

que já a tem" porque as crianças já nascem com curiosidade e foram "feitas", por natureza, para aprender com a realidade. Então se já têm curiosidade e estão no mundo real, que mais precisam as crianças para que esse processo ocorra? Para "girar todo o corpo" precisam de uma atitude de confiança para que se atrevam a sair da caverna e explorar e para se comprometerem com a realidade. Necessitam confiar na beleza da realidade.

Como pode uma criança ter essa predisposição à confiança perante a beleza? O que leva uma criança a ter uma atitude de confiança é a vinculação segura. Por quê? O que é a vinculação segura?

18
A vinculação: o laço de confiança que predispõe a descobrir a realidade

"O homem não é mais do que um laço de relações. Só as relações contam para o homem."

ANTOINE DE SAINT-EXUPÉRY

"As crianças estão preparadas para ter uma mãe humana."

BEA DE TORRES

Uma das verdades mais conhecidas sobre as crianças é que elas precisam desenvolver uma relação de vinculação segura com o seu principal cuidador. A vinculação segura é algo como um elo de confiança. Como ocorre o processo de vinculação e que relação tem com a realidade, com a beleza?

A teoria da vinculação, de Bowlby[1] e Ainsworth[2], é uma das teorias mais reconhecidas e estabelecidas no campo

---

1 J. Bowlby, *Attachment and Loss, Vol. I: Attachment*, Basic Books, Nova York, 1969.
2 M. D. S. Ainsworth, *Infancy in Uganda: Infant Care and the Growth of Love,* Johns Hopkins University Press, Baltimore, Maryland, 1967; M. D. S Ainsworth, "Object relations, dependency and attachment", *Child Dev*, 40, 1969, pp. 969-1025; M. D. S Ainsworth, M. C. Blehar, E. Waters e S. Wall, *Patterns of Attachment: A Psychological Study of the Strange Situation*, Erlbaum, Hillsdale, Nova Jersey, 1978.

do desenvolvimento psicológico. Nos últimos anos, esta teoria tornou-se "a abordagem, por excelência, para entender o desenvolvimento social da criança"[3], foi confirmada por numerosos estudos empíricos em psicologia, neurobiologia, pedagogia, psiquiatria etc., e está sendo usada como base e premissa da grande maioria das investigações e políticas de educação infantil[4].

Segundo Bowlby e numerosos estudos, a vinculação segura de uma criança decorre em função da sensibilidade que o seu principal cuidador tem quanto à resolução pontual das suas necessidades básicas (fome, frio, sede, necessidades afetivas etc.). Por este motivo, a sensibilidade de uma mãe foi considerada pelos estudos[5] como o indicador que melhor pode prever o bom desenvolvimento de uma criança. Essa sensibilidade é dar resposta, sintonizar com a realidade da criança, com as suas necessidades quotidianas: quando tem medo, sono, dor, etc. Portanto, o importante não é um enriquecimento orquestrado mas sim um milhão de pequenos atos de resposta às necessidades diárias da criança. Em consequência do padrão de resposta do cuidador, a criança desenvolve um modelo de funcionamento interno, um paradigma que tem de si própria e que vai afetar as suas relações futuras.

---

[3] R. Schaffer, *Introducing Child Psychology*, Blackwell, Oxford, 2007.
[4] National Institute of Child Health and Human Development (NICHD), *The NICHD Study of Early Child Care & Youth Development*, National Institute of Child Health and Human Development, Washington, 2006.
[5] R. Schaffer, *Introducing Child Psychology*, Blackwell, Oxford, 2007.

Por exemplo, se a criança recebe a mensagem: "as suas necessidades não podem ser atendidas", desenvolverá o seguinte modelo de funcionamento interno: "Não posso confiar nos outros", "O mundo é hostil", "Não valho a pena", "Não sou competente". O resultado é uma vinculação insegura. Tudo isso leva a criança, o adolescente e, eventualmente, o adulto a ter uma baixa autoestima, alta insegurança, fracas competências sociais e resistência a explorar o desconhecido. A mensagem que a criança interiorizou é a de que o mundo é hostil, que não pode confiar no que a rodeia. Por isso é razoável supor que uma criança com vinculação insegura tem uma atitude mais cínica em relação à vida, uma atitude que não a leva a confiar facilmente na beleza, na verdade e na bondade. Portanto, a vinculação insegura impede a capacidade da criança de se aperceber da beleza. Uma criança assim prefere ficar na caverna.

Por outro lado, quando as necessidades de uma criança são atendidas a tempo e horas, desenvolverá este modelo de funcionamento interno: "Posso confiar nos outros", "Valho a pena", "Sou competente". O resultado é uma vinculação segura. Essa vinculação segura leva a uma alta autoestima e sentido de segurança emocional, altas competências sociais e interesse em explorar o desconhecido. A mensagem que a criança interiorizou é a de que pode confiar no mundo. Portanto, é razoável supor que uma criança com uma vinculação segura tem uma predisposição maior para sentir curiosidade diante da beleza, porque goza de uma atitude natural de confiança em relação à beleza, à verdade e à bondade. Portanto, a vinculação segura vai facilitar a sintonia com a beleza.

De fato, os estudos confirmam que a vinculação segura facilita a exploração, porque, nesses casos, a criança usa o seu principal cuidador como "base de exploração" que lhe dá segurança para ir cada vez mais longe na descoberta da realidade. Por este motivo, os estudos afirmam que as crianças com vinculação segura são mais seguras de si próprias e mais curiosas intelectualmente.

Podemos, então, perguntar-nos: se é tão importante a vinculação, como podemos facilitá-la? A vinculação ocorre com o principal cuidador, que é a pessoa que satisfaz quotidianamente as necessidades da criança. Normalmente ocorre com a mãe ou com o pai. Mas se estes não estão, pode ocorrer com o avô ou com o professor, por exemplo. E o que acontece quando a criança de 2 anos compete pela resolução das suas necessidades básicas com outras 20 crianças da sua turma? O que acontece quando compete pela atenção da sua professora numa aula que, continuamente, abre caminho a especialistas (música, inglês, chinês etc.) e as telas que vão desfilando diante das crianças para "estimular a sua inteligência infinita"? Esta pergunta pode ser feita às pessoas que votam as leis que definem as proporções das aulas. Também podemos nos perguntar por que razão as proporções não costumam ser um dado muito relevante no material promocional das escolas e nos *rankings*, enquanto os meios tecnológicos têm muitíssima importância. Talvez porque os neuromitos e o transe tecnológico nos fizeram dar importância a coisas que não a têm? É bom recordar que, em nenhum caso, o vínculo de afeto pode fazer-se com uma tela. Não é o mesmo estar vinculado de forma segura a uma pessoa (confiar) ou estar "preso" a um dispositivo por dependência de estímulos externos.

Portanto, uma das chaves está em desenvolver a vinculação segura nas crianças através de relações interpessoais ricas, dar motivos de beleza às crianças e cultivar a sensibilidade que lhes permitirá sintonizar a beleza, girar "todo o corpo" na sua direção. É uma atitude, uma espécie de compromisso de qualquer pessoa com a vida, não apenas um hábito que se consegue à força impor uma mera "dieta digital" a crianças e adolescentes acorrentados ao computador. Que sentido faz as personagens da caverna terem um horário imposto para poder olhar para as sombras se não se livram das suas correntes e não vivem uma vida mais plena fora da caverna? Platão dizia:

> Facilmente podemos perdoar uma criança por ter medo da escuridão; a verdadeira tragédia da vida acontece quando os homens têm medo da luz.

Esta é a verdadeira tragédia a que nos levou o transe tecnológico obrigatório. Levar uma geração inteira de crianças, graças a argumentos pseudoeducacionais, a acorrentar-se nas suas cavernas virtuais, longe da luz, longe

Educar na
realidade

da realidade, longe da beleza, não é procurar a perfeição de que é capaz a nossa natureza. Portanto, não cumpre os objetivos da educação.

A beleza atrai, mas para poder vê-la é preciso ter sensibilidade. A sensibilidade é o que faz com que tenhamos curiosidade perante a beleza.

19
A sensibilidade

"Não há coisas sem interesse. Apenas pessoas incapazes de entendê-las."

GILBERT K. CHESTERTON

"Quem lê, sabe muito; mas quem observa, sabe ainda mais."

ALEXANDRE DUMAS

"A mais longa aprendizagem de todas as artes é aprender a ver."

JULES GONCOURT

Podemos definir a sensibilidade como a capacidade não apenas de nos apercebermos de uma coisa através dos sentidos, mas também de sintonizar com a beleza que existe nessa coisa. Da mesma forma que precisamos sintonizar umas ondas para poder captar o sinal de uma estação de rádio, o processo de sintonização da criança com a beleza faz-se através da sensibilidade. É uma espécie de atenção focada ou de empatia com a realidade que permite à criança sentir a beleza que a rodeia.

A sensibilidade permite "sentir", desfrutar das pequenas coisas, por muito insignificantes que nos pareçam. A felicidade encontra-se no que é pequeno, e quem tenha

Educar na
realidade

perdido a capacidade de entender e de agradecer o esplendor da realidade nas coisas diminutas, não vai encontrá-la nunca nas coisas grandes.

Um obstáculo à sensibilidade pode ser, por exemplo, uma deficiência nos sentidos, o que impediria a criança de entender a essência de uma coisa. Esta deficiência pode ser orgânica – alguma dificuldade em ouvir ou ver, por exemplo – ou pode ser o resultado de um ambiente que não respeita a curiosidade, o desejo inato de conhecer. Este seria o caso, por exemplo, de uma criança que tenha sido bombardeada com informação, fortemente estimulada a partir de fora, cujos sentidos foram saturados e esmagados por uma multitarefa tecnológica intensa ou por um ambiente de consumismo. Como resultado de tudo isto, a fasquia para "sentir a realidade" está dramaticamente alta, a criança precisa de cada vez mais estímulos externos para "sentir" a realidade. Este é o momento em que se podem desenvolver comportamentos aditivos. A criança torna-se passiva, aborrecida, ansiosa e cada vez mais dependente do ambiente externo para poder prestar atenção e aprender. Essa dependência é aquilo que em linguagem educativa se descreve como "falta de motivação".

Esse fenómeno é considerado relevante no estudo do consumo de tela por parte das crianças. A investigação sobre o consumo de televisão estabeleceu uma relação entre a televisão que as crianças pequenas veem e problemas de atenção quando são mais velhas. Concretamente, por cada hora de televisão que uma criança com menos de 3 anos vê, as probabilidades de sofrer de falta de atenção quando tiver 7 anos sobem 9%. De acordo com a hipótese da superestimulação, "o ritmo acelerado e as sequências de alguns programas podem hipotecar o cérebro, ou parte dele, o que leva a um déficit de curto (ou longo) prazo"[1]. Nas palavras de Dimitri Christakis, especialista mundial no efeito da tela nas crianças,

> uma exposição prolongada a mudanças rápidas de imagens durante o período crítico de desenvolvimento condiciona a mente a níveis de estímulos mais altos, o que leva, mais à frente na vida, a problemas de falta de atenção"[2].

Em outras palavras, a mente da criança acostuma-se a uma realidade que não existe na vida quotidiana real. E, então, quando a mente volta a experimentar a vida quotidiana real, tudo lhe parece extremamente aborrecido, porque não consegue ver a beleza do quotidiano. Como não vê a beleza, a criança não se sente atraída por nada e torna-se distraída (a "distração" é o oposto da "atração") e, portanto, converte-se num ser dependente do ambiente.

Noutro estudo realizado com crianças e adolescentes obesos[3], estes não conseguiam identificar o mesmo número de qualidades do sabor do que as crianças e adolescentes

---

[1] D. A. Christakis, "The effects of fast-pace cartoons", *Pediatrics,* 128, 2011, pp. 772-774.

[2] Em TedxRainier.

[3] J. Overberg, T. Hummel, H. Krude e S. Wiegand, "Differences in taste sensitivity between obese and non-obese children and adolescents", *Arch. Dis. Child,* 97, 2013, pp. 1048-1052.

de peso normal. Ficou demonstrado que não conseguiam identificar qualidades gustativas com tanta precisão como as crianças e os adolescentes de peso normal. A sua reduzida sensibilidade ao gosto fazia-os querer consumir mais. Hoje em dia, sabemos que a sensibilidade ao gosto deve-se a múltiplos fatores, pelo que a influência da aprendizagem, por exemplo, uma exagerada superestimulação sensorial do paladar durante a infância, pode ter influência numa perda desse paladar. Quando o sentido do paladar está saturado (guloseimas, bebidas açucaradas, bolos, batatas fritas muito salgadas etc.), a fasquia do sentido do paladar sobe, porque as crianças acostumam-se a níveis que estão acima das suas necessidades reais. Quando o sentido do paladar da criança está saturado, a criança deixa de sentir e precisa de maiores quantidades de comida para se aperceber das suas qualidades, o que pode levar a um aumento de peso.

Na mesma linha, outro estudo[4] conclui que o consumo de *video games* violentos reduz o reconhecimento facial das emoções. Quando os adolescentes se acostumam à violência, sentem e captam menos as emoções num rosto.

O estudo de Stanford, de que falamos no início do livro, chegou a conclusões semelhantes. Aqueles que trabalham muito em modo "multitarefa tecnológica" têm piores resultados do que os que não o fazem. Quando o ambiente

---

[4] S. J. Kirsh e J. R. Mounts, "Violent video game play impacts facial emotion recognition", *Aggress. Behav.*, 33, 2007, pp. 353-358.

exterior satura os nossos sentidos, a curiosidade adormece e deixamos de prestar atenção ativamente. Tornamo-nos passivos e o estímulo externo "consome a nossa atenção", em vez de sermos nós próprios a concentrar a atenção no ambiente. Portanto, mais não é necessariamente melhor, e a aprendizagem não depende completamente do ambiente, mas sim da nossa capacidade interior de prestar atenção a um pensamento de cada vez, e da nossa capacidade de reconhecer o que faz sentido e o que não faz.

Na verdade, o que pode estar acontecendo é que os que fazem multitarefa tecnológica, os jogadores de *video games* violentos e as pessoas que perderam o sentido do paladar, têm, como qualquer outro ser humano, uma grande sede de beleza e de sentido. Mas os estímulos que lhes chegam através de uma profusão de fontes provocam saturação nos sentidos, o que pode contribuir para a perda da sensibilidade para reconhecer a beleza, já que a sua procura pela beleza é feita às cegas. Uma vez que a sua sede de beleza não se satisfaz facilmente, entram num ciclo vicioso de comportamentos compulsivos de consumo que faz com que sintam cada vez menos. Essa busca, pelos paladares, pela informação, pelas imagens, é uma busca pela beleza, pelo sentido, e é isso que dá sentido à vida. Mas quando a beleza é inalcançável, diz Pablo d'Ors, causa dor. Quando procuramos compulsivamente a beleza e não a encontramos, vivemos frustrados, tristes e infelizes. E transformamo-nos em candidatos à motivação externa.

Educar na
realidade

O mesmo se passa com o consumo de pornografia, que insensibiliza os nossos filhos, que os afasta da realidade e que os torna cegos para a beleza da sexualidade. A sexualidade é uma linguagem poderosa. Mas se usamos e abusamos dessa linguagem para dizer coisas que não se adéquam ao contexto, ela perde todo o seu sentido. Simone Weil dizia:

> O amor precisa de realidade. O que pode ser mais terrível do que descobrir que, através de uma aparência corporal, temos amado um ser imaginário? É muito mais terrível do que a morte, porque a morte não evita que a pessoa amada tenha vivido. Esse é o castigo por ter alimentado o amor com imaginação.

De alguma forma, ocorre o que profetizava Leonardo da Vinci:

> Os ambiciosos que não se contentam com o benefício da vida e com a beleza do mundo têm por castigo não compreender a vida e ficar insensíveis à utilidade e à beleza do universo.

A sensibilidade tem, hoje em dia, "má reputação" por duas razões. Primeiro, porque damos pouca importância à intuição maternal (ou paternal), que é uma forma privilegiada de exercer a sensibilidade. Vamos educando à base de "receitas", seguindo os roteiros dados pelos manuais de ajuda educacionais. Quando uma mãe sai desse roteiro, é rapidamente caricaturizada como uma mãe histérica. Hoje em dia, o que se espera é que a maternidade seja exercida sem sensibilidade, com desapego. Não se admite que as mães tenham altos e baixos, nem reações sensíveis ou "exaltadas", que possam ter contratempos à sua serenidade e beleza. Também pedimos às mães uma perfeição da qual a sua natureza não é capaz. Perdemos de vista a perfeição de que a sua natureza é verdadeiramente capaz. A maternidade é muito maior do que poderíamos imaginar, e, se nos déssemos conta disso, muitas coisas mudariam na nossa sociedade, desde as políticas educacionais até as políticas sociais e familiares, entre elas, a conciliação. Deixaríamos de pôr etiquetas ideológicas em tudo o que pretende proteger esse vínculo. E, em consequência, teríamos um mundo muito mais humano, com mais compaixão.

Outro motivo pelo qual a sensibilidade tem má reputação é por ser confundida com a insegurança afetiva, e, portanto, ser vista como um *handicap*, um defeito. Claro que a sensibilidade em pessoas inseguras afetivamente, e que, portanto, vão a reboque das suas emoções, pode ser prejudicial, além de desagradável para os outros. Chorar por nada ou para chamar a atenção, procurar atenção por meio de chantagem emocional, analisar todos os acontecimentos sempre de um ponto de vista pessoal, colapsar perante qualquer pequeno contratempo, tomar decisões sem ponderar, seguindo os estados de alma do momento etc. A melhor forma de ajudar nossos filhos a crescer na sua segurança afetiva é através

Educar na
realidade

de experiências interpessoais positivas que os levem a uma vinculação segura que consolide o seu sentido de autoestima.

É frequente as crianças perderem essa sensibilidade que tanto as caracteriza quando não são adequadamente acompanhadas na boa gestão dos pequenos ou grandes episódios de sofrimento com que a vida as brinda. Têm de ser fortes, mas sem que, por isso, percam a sua sensibilidade. O risco do sofrimento está em olhar para o outro lado e anestesiá-lo com indiferença e desvinculação afetiva. Procurar atingir o encefalograma "plano". Quando as crianças fazem isso, deixam de ter expectativas e deixam de se entusiasmar com as coisas, anestesiam a sua capacidade de sentir tudo o que é bom nas alegrias da vida, anestesiam a sua capacidade de contemplar a beleza que existe à sua volta. A insegurança afetiva e a sensibilidade são duas coisas diferentes que não devem ser confundidas.

Há um ano, recebi em casa uma revista audiovisual de programação infantil na qual se podia ler uma frase que desvalorizava alguns conteúdos não aptos para crianças pequenas: "O determinismo audiovisual-comportamental não existe (ver um ato violento não é sinónimo de cometer posteriormente um ato violento)." Trata-se de outra forma de dizer: "As crianças sabem perfeitamente distinguir a ficção da realidade, os conteúdos violentos não as afetam." É muito frequente ouvir da boca de pessoas que não controlam os conteúdos que os seus filhos ou os seus alunos veem frases como "não é assim tão mau", "não é preciso exagerar" ou "é uma questão de sensibilidade". Estas afirmações põem em evidência o fraco entendimento do que é uma criança e de como a visualização de cenas violentas ou de pouca humanidade pode ter impacto na sua forma de agir e de ver o mundo. Por exemplo, é difícil conceber que um pai ou um educador, com um mínimo de sensibilidade, possa chegar à conclusão de que passar horas a dar tiros e a matar num *video game* não tem repercussão no seu filho ou no seu aluno. Afirmar que aquilo que uma criança observa "não a afeta necessariamente", não só é um insulto ao senso comum, como é fazer vista grossa a todas as provas empíricas que existem sobre o tema. Também pode esconder uma autojustificação, que se assemelha a uma desculpabilização, o que é ainda mais grave.

A Academia Americana de Psiquiatria Infantil e Adolescente resume as conclusões de centenas de estudos realizados sobre os efeitos de conteúdos televisivos violentos[5], referindo que as crianças que veem este tipo de conteúdos:

> Tornam-se imunes e insensíveis ao horror da violência.
> Aceitam cada vez mais a violência como uma forma de resolver os problemas.
> Imitam a violência que observam.
> Identificam-se com certas personagens dos conteúdos violentos, seja com as vítimas dos atos violentos, seja com as personagens que os cometem.

---

5 Academy of Child and Adolescent Psychiatry, *Children and TV Violence. Facts for Families*, n. 13, 2011.

Educar na
realidade

E conclui que deveriam moderar-se as horas de televisão, independentemente de as crianças serem expostas a conteúdos violentos ou não, uma vez que diminuem o tempo que a criança pode dedicar a outras atividades importantes para o seu bom desenvolvimento, como, a leitura, brincar com amigos e desenvolver outros passatempos saudáveis.

A violência anestesia a sensibilidade dos nossos filhos. Faz com que deixem de "sentir" o que é humano, verdadeiro. Impede-os de sentir empatia, compaixão. Quando as crianças perdem a sua sensibilidade por superestimulação ou porque a sensibilidade é vista como uma "debilidade" do seu caráter, convertem-se em crianças "*teflon*". O *teflon* é um material sobre o qual tudo escorrega, um material antiaderente. Nada afeta essas crianças, nada as assombra, nada lhes importa. Com crianças assim, a educação torna-se impossível, tanto para os pais como para os professores. Por esse motivo, os únicos métodos que restam para atingir essas crianças são condutistas – superestimulação, repetição, memorização, hierarquia como única fonte de sabedoria – e, entre os últimos recursos que restam para motivá-las artificialmente, estão as telas, cuja novidade e formato fascinam e prendem a criança. Mas trata-se de um penso; quando lhes retiramos as telas, deparamo-nos outra vez com os desafios educacionais de sempre.

Educar não é dessensibilizar as crianças para que estejam preparadas para viver num mundo cruel sem sofrer, mas sim torná-las mais compassivas para que possam tornar o mundo mais humano. Sofrer é parte da vida. Não o desejamos aos nossos filhos, mas têm de estar preparados para o sofrimento. Quem não sabe sofrer, não está preparado para viver de frente para a realidade.

20
O sofrimento

"Onde há mais sensibilidade é onde o martírio é mais forte."

Leonardo da Vinci

"As pessoas mais belas que conhecemos são as que conheceram fracassos, sofrimentos, lutas, perdas, e que encontraram uma forma de sair das profundezas. Essas pessoas têm um reconhecimento, uma sensibilidade e um entendimento da vida que as enche de compaixão, de amabilidade e de profundo carinho. As pessoas não são belas por acaso."

Elisabeth Kübler-Ross

Somos humanos. O sofrimento faz parte da condição humana. Com os nossos filhos acontece o mesmo. Sofrem porque os atiram ao chão no recreio, porque lhes mostram um cartão amarelo injusto (ou não) num jogo de futebol, porque têm tosse ou sede, porque têm de acabar os trabalhos de casa e prefeririam estar brincando no parque, porque caíram da bicicleta, porque se sentem culpados por terem magoado alguém, porque alguém gozou deles. Sofrer faz parte da condição humana, do mundo real em que se encontram. Às

Educar na
realidade

vezes, o sofrimento é físico, outras vezes moral. E há níveis. Há sofrimentos passageiros, outros que nos acompanham toda a vida, outros que se superam com um pouco de maturidade, outros que chegam até a alma. Em qualquer caso, a dimensão objetiva do sofrimento apenas explica uma parte do que se sente. O sofrimento é interior e não pode ser medido olhando a partir de fora, ninguém consegue pôr-se na pele de outro para ter a noção real daquilo que está sofrendo.

As pessoas mais fortes não são as que não sofreram ou as que rejeitaram o sofrimento, mas as que reconheceram e geriram o sofrimento, que estão plenamente conscientes da sua vulnerabilidade e aceitam-na com sensibilidade. Como Nelson Mandela, Gandhi, Martin Luther King, Victor Frankl, Teresa de Calcutá e tantas outras pessoas que sofreram, ou que sofrem todos os dias, no anonimato e que se converteram em pessoas com uma humanidade excepcional, em pessoas belas. "A beleza é a purgação do supérfluo", dizia Miguel Ângelo Buonarroti, "quanto mais restos de mármore, mais cresce a estátua".

O sofrimento faz parte da realidade, da condição humana, e faz-nos a todos mais humanos. Einstein dizia que "as desgraças servem muito mais à humanidade do que o êxito" e que "o fracasso e as privações são os melhores educadores e purificadores". Não se trata de desejar sofrimento a nós próprios ou aos nossos filhos, desfrutando dele. Quem fizesse isso teria motivos para consultar um psiquiatra. Também não se trata de ter prazer com o sofrimento, usando-o como motivo para chamar a atenção dos outros. Seja como for, temos de ensinar os nossos filhos a encarar a realidade do sofrimento, reconhecendo-o, gerindo-o e sublimando-o. Uma criança presa todo o dia à tela não está preparada para lidar com a realidade do sofrimento e não tem outro recurso, perante o sofrimento, que não seja isolar-se no seu mundo virtual para anestesiar-se e deixar de sentir. Essa solução não faz com que uma pessoa seja "mais humana".

O sofrimento faz-nos ser mais humildes. Ser humilde não consiste em ser menos do que somos, mas sim em contemplar a verdade da nossa grandeza, aceitando, ao mesmo tempo, as nossas limitações. "A humildade é a verdade", diz Santa Teresa de Ávila. Permite-nos ver a realidade "tal como é", "dá-nos as horas certas". Às vezes sofremos porque nos damos conta da nossa verdade, da nossa realidade e isso incomoda-nos. Esse sofrimento pode ser bom e poupa-nos mais sofrimento a longo prazo, na medida em que nos devolve o contexto. Como dizia Jacinto Benavente:

> A pior verdade custa apenas um grande desgosto. A melhor mentira custa muitos pequenos desgostos e, no final, um desgosto grande.

Portanto, a humildade é uma atitude inteligente, porque é, simplesmente, realista. É preferível sofrer um pouco, abrindo os olhos às nossas limitações, do que viver continuamente enganados.

Cada um tem a sua forma de dar sentido ao sofrimento. O que todas essas formas têm em comum é que nos fazem mais fortes, mais maduros, mais compassivos para com o sofrimento dos outros e, portanto, mais capazes de sintonizar com as pessoas em geral. A raiz etimológica da palavra "compaixão" é "sofrer com", portanto, quem não passou pela experiência do sofrimento nunca pode ser compassivo para com os outros. Simone Weil diz que

> os seres humanos são feitos de tal forma que os que esmagam os outros não sentem nada; são as pessoas esmagadas que sentem o que está acontecendo. A menos que uma pessoa se tenha posto do lado do oprimido, para sentir com ele, não conseguirá entender,

e acrescenta:

> A capacidade de dar atenção a quem sofre é algo muito raro e difícil; é quase um milagre; é um milagre. Quase todos os que acreditam que têm essa capacidade não a possuem.

E conclui:

> Amar é reconhecer que os demais são outros, e não criaturas da nossa imaginação.

O máximo a que podemos aspirar, se não sofremos nós próprios, ou se não encaramos esse sofrimento, é olhar para os outros com condescendência: "Você tem de ver o lado positivo", "Não é assim tão ruim", "Pelo menos você tem isto", "Pelo menos tem aquilo", "Olhe bem para aquele, que sofre mais do que você, e ficará mais consolado", "Sei bem o que é, porque eu também já passei por isso, não te preocupes tanto" etc. Como se o sofrimento fosse um concurso de "quem sofre mais". No fundo, o que procuramos com essas frases é calar o sofrimento do outro, anulá-lo, porque nos incomoda. Não queremos "sofrer com", portanto tendemos a "relativizar" o sofrimento alheio.

Tendemos a virar as costas ao nosso sofrimento e ao dos outros por outro motivo: é sinônimo de vulnerabilidade, e a vulnerabilidade é sinônimo de imperfeição. É preciso ser "forte", é preciso aguentar. Já repararam que quando uma criança desata a chorar num local público, mesmo por um motivo justificado, os seus pais sentem uma vergonha indescritível? Por quê? Qual é o mal de chorar e dizer "Dói-me isto", "Estou muito triste"? Por que razão vamos sempre à procura do encefalograma plano no âmbito das emoções? Inclusive em relação a nós próprios, como pais, parece que o que se procura é "o estado alegre e plano". Quem não responde "Bem" à pergunta "Como você está?" é motivo de suspeita por ser um peso. Dizemos às crianças que a sensibilidade é algo "mau", "É preciso ser forte", ou pior, "Cresça", como se a idade adulta fosse uma idade isenta de sofrimento ou de sensibilidade. A força é importante, mas não é antônimo de sensibilidade. Estamos a confundir tudo. Ensinamos as crianças a não verbalizar as suas amarguras e os seus sofrimentos, a adormecê-los. O problema é que adormecer o sofrimento não ocorre sem que haja efeitos colaterais. O processo é semelhante ao que acontece com os antidepressivos. Não estamos adormecendo apenas as tristezas, mas também as alegrias, a capacidade de sentir em geral. Quando ensinamos sistematicamente a uma criança a engolir as suas tristezas sem reconhecê-las, sem poder verbalizá-las ou dar-lhes sentido, adormecemos não só as amarguras, mas também todos os outros sentimentos e as outras emoções que uma pessoa humana pode e deve sentir, como, a alegria, a empatia, a compaixão, a ternura, a amabilidade e a delicadeza. O que acontece é que, pouco a pouco, a criança, em geral, deixa de sentir. Torna-se insensível. Essa criança, eventualmente, não saberá descrever os seus estados emocionais, não terá capacidade de introspecção, não sentirá culpa, não se conhecerá a si própria. E, em relação aos outros, não saberá olhar nos olhos, interpretar as expressões faciais, antecipar as respostas humanas e não saberá pôr-se na pele do outro.

Quando as crianças deixam de sentir, ficam numa situação em que andam à procura de emoções como mendigos. E então recaem em todos aqueles comportamentos que descrevemos anteriormente, como a procura de emoções fortes através das telas, seja através dos *video games*, da pornografia, das redes sociais ou dos filmes violentos. O resultado é que vivemos numa sociedade empanturrada de emoções virtuais. Já o dizia Michel Lacroix: "Emocionamo-nos, mas não sabemos sentir".

21
O déficit de humanidade: a empatia perdida

"Tenho medo do dia em que a tecnologia ultrapasse a nossa humanidade. O mundo terá uma geração de idiotas."

Albert Einstein

"Adoro a humanidade, não consigo suportar é as pessoas."

Charlie Brown

Um estudo[1] realizado na Universidade de Michigan, envolvendo 14 mil alunos, entre 1979 e 2009, concluiu que os jovens de hoje são 40% menos empáticos do que os jovens de há 20 ou 30 anos, e constatou que a queda drástica aconteceu depois do ano 2000. Os investigadores atribuem a queda da empatia à chegada das redes sociais.

Um episódio que pode ilustrar esse fenômeno aconteceu na noite dos Grammy de 2011, quando uma jornalista sofreu o que parecia ser um derrame cerebral; na sua reportagem não conseguia articular adequadamente as frases.

---
1 S. H. Konrath, E. H. O'Brien e C. Hsing, "Changes in dispositional empathy in American college students over time: a meta-analysis", *Personality and Social Psychology Review*, 15(2), 2011, pp. 180-198.

Educar na
realidade

Rapidamente, o vídeo tornou-se viral no YouTube e nas redes sociais, com milhares de *likes* e comentários inapropriados que incitavam outros a ver e a partilhar o vídeo. Numa página do AOL.com considerava-se o incidente como um dos cinco momentos mais memoráveis dos Grammy[2].

As telas podem ser barreiras entre a realidade e nós. Mais ainda, podem banalizá-la, uma vez que a forma como calibramos os acontecimentos no mundo imaginário (virtual ou, inclusive, o da literatura) tende a ser diferente da percepção que temos do real. Por exemplo, Simone Weil dizia:

> O mal imaginário é romântico, cheio de variedade; o mal real é triste, monótono; desértico, aborrecido. O bem imaginário é monótono; o bem real é sempre novo, maravilhoso, inebriante.

E concluía:

> Por isso a literatura imaginativa é ou aborrecida ou imoral (ou uma mistura de ambos). Só consegue escapar desta alternativa se, de alguma forma, passar para o lado da realidade, por meio da força da arte – e só os gênios conseguem isso.

Esse "gênio" desenvolve-se nas pessoas que têm a sensibilidade para calibrar a realidade e que têm talento suficiente para refletir o encanto da beleza da realidade no mundo virtual. Quando vemos os clássicos do cinema, por

---

2 G. Small e G. Vorgan, "Is the Internet Killing Empathy?", *UCLA Newsroom*, 4 de março de 2011.

exemplo, damo-nos conta de que são precisamente as obras desses "gênios" que sobreviveram ao passar do tempo.

O que tem a sensibilidade a ver com a empatia? No âmbito das relações interpessoais, a sensibilidade é o meio através do qual estabelecemos relações interpessoais autênticas, entramos em comunhão, em sintonia com a beleza das pessoas que nos rodeiam. Permite que nos maravilhemos com tudo o que é bom e verdadeiro nas pessoas. Permite-nos "sentir", viver a vida na primeira pessoa, colocarmo-nos com facilidade no lugar do outro, "sentir" com o outro, o que é a própria essência da empatia.

> "Já não te aguento mais", diz uma mãe, em público, à sua filha de dois anos que chora porque bateu com a cara num obstáculo, por não estar olhando para a frente enquanto ia pela calçada

Na relação com os outros, a compaixão expressa-se, entre outras coisas, através da ternura. A ternura que hoje em dia poderia haver nas nossas casas e nas nossas salas de aula! A ternura não é permitir tudo à criança. Podemos e devemos ser firmes, mas com ternura. Na educação dos nossos filhos, a ternura ajuda-os a que tenham moderação e sejam mais empáticos e compassivos para com os outros. Se os nossos filhos, os nossos alunos, nos veem constantemente irritados, faltando-lhes com o respeito e zombando deles, por exemplo, perdem a sensibilidade que o respeito pela autoridade lhes infunde naturalmente, e vivem acostumados aos gritos e aos insultos. Mais tarde, isso facilita as reações descontroladas e

Educar na
realidade

desproporcionadas perante as contradições da vida. E não terão a delicadeza para pegar no ar o conselho de uma pessoa bem-intencionada, nem para escutar as delicadas sugestões de um professor ou para intuir as tristezas de um amigo. Pablo d'Ors diz: "Nem todos os olhares despem, há olhares que abrigam e cobrem, olhos nos quais podemos refugiar-nos quando o mundo é demasiado hostil". Portanto, se os nossos olhares são refúgios para as crianças nos momentos difíceis da infância, então é mais provável que esse olhar continue a ser uma referência para elas na adolescência. Os nossos olhares serão refúgios para os nossos filhos na medida em que formos compassivos e ternos com eles.

A sensibilidade leva à empatia, e a empatia faz-nos ser mais humanos e mais sensíveis. É um ciclo virtuoso que alimenta qualidades que são imprescindíveis no processo de procura pela perfeição. Por quê? Kant dizia que "a educação é o desenvolvimento *de toda a perfeição de que a natureza de um homem é capaz*". A sensibilidade permite distinguir entre o essencial e o que não é. As pessoas insensíveis costumam fixar-se muito nas aparências, no verniz. Dão importância à forma como fim, não como reflexo do fundo. Por exemplo, consideram crucial que os seus filhos falem muitos idiomas, mas não dão importância à aprendizagem da empatia, qualidade necessária para que se entendam verdadeiramente com as pessoas. As pessoas sensíveis vão mais longe, veem o que o olho não vê. Um pai sensível que procura uma creche, por exemplo, dá mais importância às relações e ao seu critério pessoal, após uma visita às salas num dia de aula, do que aos *rankings*. Uma professora sensível entende que o alvoroço das crianças numa tarde de chuva não se soluciona com um filme de ação, mas sim com um tempo de leitura. A sensibilidade é o que nos permite ser especialistas em humanidade, conhecer melhor a nossa natureza, saber do que é capaz ou não a nossa natureza e discernir o que lhe convém ou não. Portanto, uma pessoa sensível que se dedique formalmente – ou não – à educação é uma educadora por excelência. Pelo contrário, um educador a quem falte essa sensibilidade não será um educador, mesmo que se dedique em período integral e com a melhor das intenções.

A insensibilidade acaba quase sempre na frivolidade e, ultimamente, na banalização do mal. Como diz o filósofo, e maestro de orquestra, Íñigo Pírfano: "O problema mais grave é que não se é consciente da gravidade do problema: esta é a essência da frivolidade" . E isso não acontece necessariamente com pessoas que escolheram o mal como opção de vida, é quase impossível imaginar que essas pessoas existam, mas sim com as pessoas que, por quererem alinhar com todas as posturas possíveis, acabam por banalizá-las. Tanto ao mal como ao bem. À mentira como à verdade. Ao que é feio como à beleza. Porque a falta de sensibilidade impede que estejamos em sintonia com o bem, com a verdade e a beleza. Essa é a fonte do mal que realmente prejudica a educação, porque se banaliza praticamente tudo e, portanto, não calibramos a realidade tal como ela é. Não se banaliza a violência machista, mas sim o machismo. Não se banaliza o homicídio, mas sim a violência. Não se banaliza a crueldade do assédio escolar, mas sim a falta de empatia e de compaixão nos recreios das escolas. Não se banaliza a pedofilia, mas sim a perda da inocência das crianças. Toleramos e banalizamos tudo aquilo que não passe das linhas imaginárias que inventamos para viver no mundo de uma forma mais "cômoda", sem termos de nos ajustar à realidade. Banalizar o mal leva-nos a uma espécie de insensibilidade para poder calibrar a realidade. Por exemplo, não vemos problema no fato de uma criança de 6 anos estar navegando sozinha na internet ou que revistas pornográficas estejam à altura do seu olhar na banca de jornais, mas obrigamos uma mãe que está dando de mamar ao seu bebê, num local público, a cubrir o peito[3]. A sensibilidade é uma espécie de pele fina ou de delicadeza da alma para intuir a verdade, a bondade e a beleza nas circunstâncias da vida.

  Muitas vezes a insensibilidade para distinguir a verdade, a bondade e a beleza leva-nos a confundir "meio-termo" com "mediocridade". O que isso quer dizer? Quantas vezes ouvimos a resposta "é tudo uma questão de equilíbrio" como solução rápida para todos os dilemas educacionais? Isto ocorre, muito especialmente, em todos os dilemas sobre as NT. Aristóteles dizia: "A virtude está no meio-termo." É verdade, a virtude como meio-termo é uma boa opção, a meio caminho entre duas opções más, uma por excesso e

---

[3] S. C. Nelson, "Mãe obrigada a cobrir-se com um guardanapo para dar de mamar num hotel em Londres", *Huffington Post*, 3 de dezembro de 2014.

outra por defeito. Por exemplo, a ordem – que as crianças brinquem e depois arrumem – seria uma postura a meio do caminho entre a desordem – as crianças que nunca arrumam – e a "ordem pela ordem" – pôr as crianças em frente à televisão as férias todas para que não desarrumem a casa enquanto brincam. Mas não nos confundamos. A virtude como meio-termo não é uma opção cômoda entre uma má e outra boa: "Mamãe, vou para os bares embebedar-me 'um pouquinho', e depois vou comprar e consumir "um pouquinho" de cocaína". É tudo uma questão de equilíbrio, como você sempre diz. Nesse sentido, vemos que o argumento da dieta digital como "equilíbrio" entre não usar e usar o tempo todo não é necessariamente a solução quando falamos de crianças pequenas ou de conteúdos inapropriados, como um *video game* violento, por exemplo. Se um conteúdo violento é ruim para um adolescente, ou se um *smartphone* não contribui para o bom desenvolvimento de um bebê ou de uma criança, que sentido faz darmos mesmo que em doses pequenas? O café e o *whisky* não fazem mal a um adulto, mas quem usaria o argumento de que "é tudo uma questão de equilíbrio" para juntar um pouco de ambos à papa do bebê ou ao lanche da criança?

Adotar a postura "é tudo uma questão de equilíbrio" sem pensar leva à banalização do mal. Hannah Arendt, filósofa alemã de origem judia que viveu de muito perto o regime nazista, e, portanto, que sabe bem o que é a "banalização do mal, diante do qual as palavras e o pensamento se sentem impotentes", define-a como "um tal afastamento da realidade, uma tal irreflexão que podem causar mais dano que todos os maus instintos, que talvez sejam inerentes à natureza humana"[4]. E acrescenta: "A triste verdade é que grande parte do mal é cometido por pessoas que nunca escolheram explicitamente entre o bem e o mal", o que Arendt atribui ao "déficit de pensamento".

---

4 H. Arendt, *Eichmann en Jerusalén*, Lumen, Barcelona, 1967.

22
Déficit de pensamento

"Nós, que incorporamos os *smartphones* e estamos sempre ligados à internet, que evoluímos a *i-persons*, somos potencialmente muito mais poderosos do que os outros *Homo Sapiens*, porque estamos a adaptar-nos melhor ao novo panorama cultural, somos quase oniscientes. Podemos saber quase tudo... quando nos convém."

Pere Marqués

"Um dos problemas mais sérios do mundo atual é que muitas pessoas acreditam que, por terem estudado, não têm de pensar."

Aldo Cammarota

Na década de 1960, Hannah Arendt foi contratada pela revista americana *New Yorker* para fazer a cobertura da notícia do histórico julgamento de Eichmann, um funcionário do partido nazista cuja função foi a de planejar e organizar a deportação em massa de judeus para os campos de concentração. Em 1961, Eichmann foi julgado e condenado à morte por ter cometido crimes contra a humanidade. Ao ser questionado sobre se se reconhecia como culpado, respondeu:

Educar na
realidade

Não tive nada a ver com a matança de judeus. Nunca matei um judeu, nem qualquer outra pessoa, judia ou não. Nunca matei um ser humano. Nunca dei ordens para que matassem um judeu ou uma pessoa não judia. Nego rotundamente.

E acrescentou: "O arrependimento é uma coisa de crianças."

Arendt analisa a personalidade de Eichmann como a de um homem normal e comum, nem demoníaco, nem monstruoso, que seis relatórios psiquiátricos deram como "normal", "não apenas normal, mas exemplar", e perfeitamente capaz de distinguir entre o bem e o mal, e acrescenta:

Quanto aos problemas de consciência, Eichmann recordava perfeitamente que teria ficado com um peso na consciência caso não tivesse cumprido as ordens recebidas, as ordens de enviar para a morte milhões de homens, mulheres e crianças, com a maior diligência e meticulosidade.

Arendt explica que Eichmann, mais do que pela sua "normalidade", caracterizava-se por um "déficit de pensamento" que o tornava incapaz de pensar em profundidade. "Eichmann não era estúpido. Foi a pura e simples irreflexão – que de modo algum podemos equiparar à estupidez – que o predispôs a tornar-se o maior criminoso do seu tempo." Para explicar o "déficit de pensamento", Arendt faz a distinção entre "conhecer" e "pensar".

"Conhecer" consiste na acumulação de ideias, de informação. O conhecimento permite, quando muito, a elaboração de teorias e a resolução de problemas técnicos. Por outro lado, para "pensar" é preciso valentia. Dizia W. B. Yeats: "É preciso mais coragem para examinar os recantos obscuros da própria alma do que a que precisa um soldado para lutar no campo de batalha". Pensar permite distinguir entre o bom e o mau, o verdadeiro e o falso, o belo e o feio. Permite manter um diálogo interior, refletir criticamente sobre as nossas próprias ações e a sua exemplaridade. Esse diálogo feito conosco exige silêncio interior, empatia e sensibilidade para podermos pôr-nos na pele dos outros e compreender os desígnios das pessoas e do mundo que nos rodeia.

Curiosamente, o hábito de pensar parece um bem cada vez mais escasso. Num estudo publicado na revista *Science*[1], 25% das mulheres e 67% dos homens que participaram nas experiências preferiam aplicar a si próprios uma descarga elétrica (uma contração muscular) do que permanecer sentados entre 6 e 15 minutos numa sala vazia sem qualquer outra distração que não os seus próprios pensamentos. Nesse sentido, Tagore tinha razão quando dizia que "o homem entra na multidão ruidosa para afogar o clamor do seu próprio silêncio". Muitas vezes, a navegação pode ser uma alternativa fantástica para quem não quer estar sozinho com os seus próprios pensamentos. É melhor do que um espasmo muscular, isso com certeza.

---

1 T. D. Wilson, D. A. Reinhard, E. C. Westgate, D. T. Gilbert, N. Ellerbeck, C. Hahn, C. L. Brown e A. Shaked, "Just think: the challenges of the disengaged mind", *Science*, 345(6192), 2014, pp. 75-77.

Educar na
realidade

A que damos mais peso no nosso sistema educacional e na educação dos nossos filhos em casa? Ao conhecer ou ao pensar? Os neuromitos do potencial cognitivo infinito da criança, o acesso rápido a todo o tipo de informação através do mundo digital e da falsa crença de que os nossos filhos têm mentes prodigiosas conduziram-nos ao que poderíamos chamar de obsessão por "conhecer" na educação. Fazer, navegar, retweetar, preencher quadradinhos, memorizar, passar *bits* de inteligência, teclar. Além disso, a multitarefa tecnológica converte os nossos filhos em apaixonados pela irrelevância, o que paralisa o pensamento "profundo". Meg Wolitzer fala da "geração que tem informação, mas carece de contexto. Tem manteiga, mas não tem pão. Tem anseios, mas não tem desejo". Falta pensamento a esta geração porque lhe falta sentido. É curioso ler a notícia que nos chega através das redes sociais, que explica que foi vendido em leilão um pedaço de bolo de 23 centímetros do casamento real de Diana de Gales e Charles da Inglaterra por 1.500 euros[2]. É inédito. Faz sentido que interrompa os meus afazeres domésticos, o meu trabalho, uma conversa pessoal, para ler isto? Inclusive a partir de um ponto de vista dos tempos livres. Não há coisas mais interessantes e mais construtivas com as quais uma pessoa possa preencher o seu tempo livre?

Todos os professores universitários já viram com os seus próprios olhos a falta de espírito crítico, de capacidade de

---

2 "Un trozo de tarta nupcial de Diana de Gales se vende por 1.500 euros", *ABC*, 27 de agosto de 2008.

síntese, de originalidade nos trabalhos entregues por muitos universitários, para não falar no dramático aumento de erros de ortografia.

> Reunião numa escola em que está sendo anunciada aos pais a digitalização das aulas. Depois de ter falado do mundo das maravilhosas vantagens das NT, um pai pede a palavra e pergunta: "E ortografia? Vão ensinar ortografia aos nossos filhos? Porque com tanto dispositivo parece que ninguém está se importando com a ortografia." Ao que a diretora responde: "Não se preocupe, é para isso que lá estão os corretores ortográficos".

A internet está se tornando o disco rígido cerebral de muitos alunos que, em vez de pensar, dedicam-se à delicada tarefa de "copiar e colar" os seus trabalhos. Que tipo de profissionais estamos formando para o mundo de amanhã? O que acontece a esses jovens que, supostamente, evoluíram para *i-persons*? Thomas More dizia que "a educação das pessoas não consiste em saber muito ou ter acesso a muita informação, mas sim em terem sido expostas a acontecimentos que as comprometem como humanos e, portanto, que as transformam".

A motivação externa, consequência de um uso passivo das NT, contribui para a transformação dos jovens em pessoas conformistas que não querem destacar-se da multidão. Para um conformista, a atividade de pensar é perigosa, porque pode obrigá-lo a ter de se destacar da multidão e ele não o quer fazer.

Pensar é avaliar a realidade, refletir criticamente, ter capacidade de introspecção, capacidade de empatia,

Educar na
realidade

criatividade, sensibilidade para o que é belo, o que implica um processo inevitável de procura de sentido, que é a verdadeira motivação das pessoas. Tudo isto deveria ser próprio de uma verdadeira educação humanista. Uma educação na qual a criança é protagonista, não um mero observador passivo.

A mera acumulação de dados, de informação, é como pontos numa folha em branco. Quando a folha está cheia de pontos pretos, fica tudo preto. Não há sentido. O pensamento humano permite relacionar os pontos num desenho com sentido. Desse pensamento "com sentido" nasce a criatividade. Steve Jobs dizia isso mesmo: "A criatividade é ligar os pontos", e, referindo-se às pessoas criativas, acrescentava que "o motivo pelo qual o conseguem fazer é que tiveram mais experiências ou puderam refletir mais sobre essas experiências do que outros", e acrescentava: "Quanto mais ampla é a compreensão da experiência humana, melhor será o desenho." Vemos, de novo, a importância das experiências autenticamente humanas e da atenção personalizada na educação. O excesso de tempo em frente às telas é tempo que tiramos dessas experiências. E o tempo investido nessas relações interpessoais, ricas em conteúdo, é a melhor preparação para, *a posteriori*, poder usar conscienciosamente as NT. Não se trata de experiências que vivemos passivamente, mas sim que vivemos na primeira pessoa. Como dizia Huxley: "A experiência não é o que acontece, mas aquilo que se faz com o que acontece."

O resultado de dar mais importância a "conhecer" do que a "pensar" é que temos crianças tecnicamente – ou não – cada vez mais preparadas, mas cada vez menos capazes de se ajustarem à realidade e de se motivarem por um objetivo pensado, ponderado e assumido como algo pessoal. De alguma forma, nós as levamos a porem um fim ao diálogo com as suas próprias consciências, enchendo-as de dados que não deixam espaço ao diálogo que qualquer pessoa deve ter com a sua alma. Mais à frente nas suas vidas, essas crianças serão terreno fértil para todo o tipo de manipulações ideológicas, como Eichmann, o funcionário exemplar que cumpria as ordens com a maior diligência e meticulosidade.

A banalização do mal, consequência do déficit de pensamento, não é trivial ou anódina, pode suscitar situações monstruosas realizadas por cidadãos, pais de família e funcionários aparentemente exemplares e virtuosos; pessoas a quem lhes falta a capacidade de julgar e pensar nas consequências das suas ações porque não dedicaram tempo suficiente à atividade de pensar.

Dissemos anteriormente que a melhor preparação para o uso das NT ocorre no mundo real. Se tivéssemos de resumir em que deve consistir essa preparação, à luz de tudo o que referimos antes, aconselharíamos:

1. Reduzir ao máximo a multitarefa tecnológica, que pode tornar os nossos filhos apaixonados pela irrelevância.

Educar na *realidade*

2. Reduzir os estímulos externos que exigem continuamente a sua atenção, apagam a sensibilidade e substituem a sua curiosidade natural.
3. Ajudá-los a desenvolver a força de vontade adiando a gratificação.
4. Ajudá-los a ter um *locus* de controle interno.
5. Dar sentido à sua aprendizagem, dando mais importância às motivações transcendentes e internas do que às externas.
6. Dar-lhes oportunidades de relações interpessoais que consolidarão a sua vinculação segura e o seu sentido de identidade.
7. Dar-lhes alternativas de beleza para que eventualmente consigam reconhecer o bom e o verdadeiro.

Todas essas atividades implicam que a criança será capaz de pensar por si própria. Sócrates dizia que "uma vida sem reflexão não vale a pena ser vivida". Pensar é uma atividade própria da pessoa humana. Os objetivos da educação consistem em procurar a perfeição de que a nossa natureza é capaz e pensar é parte disso. Talvez devamos ser realistas e começar por aqui: somos humanos. Nem mais – não temos superpoderes nem somos omniscientes – nem menos – não podemos agir como se não o fôssemos. A nossa natureza é humana.

Conclusão

A desinformação na era da informação

> "Peço desculpa, mas não tenho espaço para tanto vazio."
> Anônimo

Nós, os pais, somos, por natureza, os principais educadores dos nossos filhos. Dissemos antes que a sensibilidade do principal cuidador foi considerada pelos estudos como o melhor indicador para prever o bom desenvolvimento de uma criança. Os principais cuidadores dos nossos filhos somos nós, os seus pais. São os pais que conhecem melhor os seus filhos e que estão em melhor posição para saber quando estes têm maturidade suficiente para poder usar as NT, quando sabem o que estão ou não à procura, porquê e para que o estão fazendo, onde e como encontrar o que procuram. Os pais é que sabem quando os seus filhos têm domínio sobre si próprios para poder realizar uma busca de informação com riscos mínimos. Nem o Estado, nem uma escola, nem um vizinho, nem uma operadora de telecomunicações, nem as estatísticas, nem sequer a própria criança podem interferir nessas decisões, que são tomadas, em última análise, para o bem dela.

Educar na *realidade*

Mas estamos numa sociedade em que uma afirmação simples como "os pais são os principais educadores dos seus filhos" é constantemente posta em questão, desde o primeiro dia, quando voltamos da maternidade e todos nos inundam de conselhos que não pedimos: "Não o pegue no colo, para que ele não fique viciado", "Não lhe dê mais do que dez minutos de peito, para não ficar mal acostumado", "Não lhe dê chupeta, os dentes crescerão tortos" etc. Essa é a primeira dose de baixa estima parental e chega-nos poucas horas depois do parto. A segunda dose chega-nos sob a forma de profecias do fracasso: "Sobretudo, a menina não pode comer guloseimas, mas enfim, logo você vai ver que não pode fazer nada para impedi-la", "É assim, todo mundo tem ou todo mundo faz, você vai ter de comprar um porque com certeza ele vai acabar pedindo", "Vá ficar com ele, não vai poder dizer-lhe que não" ou "Com 6 anos já dominam as redes, não há alternativa senão educá-los no seu uso…". E a terceira dose de baixa estima chega-nos depois de seguir esses conselhos, quando dizemos a nós próprios: "Não há nada a fazer, é uma batalha perdida…". Afinal de contas, a mensagem por detrás de todos esses conselhos que não pedimos e essas profecias do fracasso é que nós, os pais, somos uns incompetentes e que o melhor seria nem sequer tentar. Assim não teremos de sofrer a humilhação do fracasso anunciado. O resultado dessas mensagens é que alguns pais abdicam de educar, outros delegam a terceiros, pensando que vão fazê-lo melhor do que eles, e outros educam, mas com medo, angústia, frustração ou, logicamente, com a autoestima baixa.

Como conseguimos fazer com que alguns pais, que, por natureza, são os primeiros educadores dos seus filhos, se considerem tão incompetentes para educar que delegam decisões fundamentais, como, as que se relacionam com as NT, a terceiros que nem sequer conhecem suas crianças? Devemos recuperar esse sentido de competência e autoestima que nos foram roubados pelos neuromitos, pelas estatísticas e pelos livros educacionais de autoajuda que alegam poder solucionar tudo à base de pautas e de receitas "perfeitas". Devemos recuperar essa sensibilidade que temos por ser pais. Devemos recuperar o *locus* de controle interno. Quem decidiu que não seríamos nós próprios que definiríamos o que nos rodeia? Quem disse que as batalhas estão perdidas? As decisões educacionais de nossos filhos não serão tomadas pelos outros, temos de ser nós a tomá-las.

No entanto, para tomarem as suas decisões, os pais devem ter informação verdadeira e completa. Apesar de estarmos na era da informação, nunca sofremos tanta desinformação. Por que razão os dados dos estudos não chegam à rua? Em 2006, o editorial da revista da Associação Americana de Medicina, *Archives of Pediatric and Adolescent Medicine*, intitulado "Os *media*, um tema de saúde pública", assinado pelo maior especialista no "efeito tela", Dimitri Christakis, questionava:

Educar na
realidade

Por que razão uma coisa que é amplamente reconhecida como uma influência e um potencial perigo originou tão pouca ação efetiva? Não há dúvida de que houve uma falta de vontade política para enfrentar o poderoso e influente setor dos *media* [...]. O consumo de telas deve ser reconhecido como um importante tema de saúde pública[1].

O psiquiatra Manfred Spitzer, autor de um *best-seller* alemão sobre as NT, tem a mesma opinião:

> Em face de todas as repercussões negativas dos meios digitais na mente e no corpo dos jovens, repercussões demonstradas múltiplas vezes pela ciência, temos de nos questionar sobre o porquê de ninguém se queixar ou do porquê de ninguém se indignar ou irritar. Por que razão não acontece nada? [...] As crianças não têm voz nem voto nas eleições, razão pela qual se fala sempre muito, mas não se faz absolutamente nada por eles. Os políticos refletem sobre o que é bom para os bancos e para a economia, para a classe média ou para aqueles que pagam os seus impostos, mas, no fundo, para eles é indiferente o que precisam as crianças.

Os especialistas acadêmicos – provenientes do campo da neuropediatria – que estudam em primeira mão o efeito tela são claros quanto aos potenciais efeitos adversos em crianças e jovens. No entanto, não é incongruente que alguns especialistas que estão no terreno nos assustem

---

[1] D. A. Christakis e F. J. Zimmerman, "Media as a Public Health Issue", *Archives of Pediatric and Adolescent Medicine*, 160, 2006, pp. 445-446.

com as implicações e os riscos inerentes às NT, mas, por outro lado, quando chega o momento de concretizar, se limitem a falar em "uso responsável" e a propor intervalos de idades que, curiosamente, correspondem exatamente aos intervalos que encontramos nas estatísticas? Por que não se atrevem esses especialistas a falar da importância de reduzir o número de horas de tela e de adiar a idade atual de introdução das crianças às NT? Como vamos melhorar se continuamos a fazer o mesmo de sempre? Como dizia Einstein: "Se você procura resultados diferentes, não faça sempre a mesma coisa."

O doutor Aric Sigman, psicólogo e neurofisiólogo, conhecido pelo seu trabalho de divulgação no âmbito das NT, enumerou, numa palestra dirigida ao Parlamento Europeu, os motivos pelos quais os dados não chegam a ser divulgados.

> Os políticos, por uma série de motivos, têm um interesse vital em que as pessoas continuem a ver os meios de comunicação através das telas. E tanto os médicos como os políticos querem ser amados pelo público. Dizer aos pais que as telas podem prejudicar a saúde dos seus filhos torna-os portadores de más notícias. [...] Ainda mais importante, é desnecessário e contraproducente formar alianças com a indústria dos *media* para poder reduzir o uso que as crianças fazem dos seus serviços. Há um óbvio e poderoso conflito de interesses.

Sigman acrescenta que a maioria das investigações no campo das NT é feita por especialistas em comunicação – que

Educar na
realidade

não contemplam, necessariamente, o impacto educacional e neurológico das telas nas crianças. "Os fundos para a investigação e para os congressos são frequentemente patrocinados por empresas do setor das telecomunicações", o que os coloca a todos em pleno conflito de interesses.

Por todos esses motivos poderíamos acrescentar a poderosíssima música de fundo do transe tecnológico, aquela que nenhum "especialista" ou político quer ser pego não dançando, e que neutraliza os nossos esforços de pensar crítica e serenamente. E também existem os argumentos educacionais baseados nos neuromitos, que se alimentam da vontade dos pais de serem "bons pais", assim como a falácia da educação precoce no "uso responsável", que nos engana, fazendo-nos pensar "quanto mais e mais cedo, melhor".

Na palestra dirigida ao Parlamento Europeu, em 2010, Sigman fez um resumo de centenas de estudos que demonstram os efeitos negativos das telas nas crianças, e concluiu a sua apresentação dizendo:

> Não há nada a perder se as crianças reduzirem o tempo de tela, mas potencialmente corremos o risco de perder muito se as deixarmos ver tanto como fazem agora. Se ignorarmos o volume crescente de provas científicas que relacionam o tempo de exposição às telas com uma série de implicações para a saúde das crianças, poderemos, eventualmente, ser responsáveis pelo maior escândalo de saúde do nosso tempo.

Partilho plenamente da primeira parte da conclusão de Sigman. Para começar, grande parte da solução está na diminuição do número de horas de tela. Quanto à segunda parte, questiono-me se não se trata de um ponto de vista demasiado catastrófico e apocalíptico. Não sei, o tempo o dirá. Mas, precisamente por não sabermos, talvez a atitude de prudência e responsabilidade seja a mais adequada para os dias de hoje. Além disso, penso que nós, os pais, devemos procurar a excelência, não por medo a uma eventual catástrofe. Agir por medo (além de ser uma motivação externa) não é a solução, porque seria o equivalente a deixarmo-nos levar por uma espécie de exigência de mínimos. Tudo ao contrário do que deveria ser EDUCAR.

Devemos educar os nossos filhos na realidade. Na realidade da beleza. Tomás de Aquino dizia: "Há beleza em todas as coisas". O que se passa é que em algumas coisas há mais e noutras há menos. Devemos educar os nossos filhos na curiosidade e na sensibilidade que lhes permita reconhecer a beleza e a ausência de beleza no mundo real, para que, eventualmente, possam também fazê-lo no mundo virtual. Os nossos filhos têm de iniciar na realidade a partir da realidade, não por meio das suas sombras. Devem ser educados numa série de virtudes no mundo real. Nessa altura, e apenas nessa altura, estarão preparados para dar passeios pela caverna das sombras. Porque já saberão que as sombras são apenas sombras, que a luz é necessária, por muito que custe regressar à luz, e que, para não ficarmos presos na sombra, o que há a fazer é incidir luz – beleza, realidade – sobre ela.

Educar na *realidade*

À procura das "regras número um"

> "Regra 42. Todas as pessoas que tenham mais de uma milha de estatura deverão abandonar a corte."
> Toda a gente olhou para Alice.
> "Eu não sou assim tão alta", disse Alice.
> "É claro que és", disse o rei.
> "Medes quase duas milhas", acrescentou a rainha.
> "Não me interessa, não penso ir-me embora", disse Alice, "além disso, essa não é uma regra normal, acabas de inventá-la agora mesmo."
> "É a regra mais antiga do mundo", disse o rei.
> "Então deveria ser a regra número um", disse Alice.
> O rei ficou pálido e fechou rapidamente o seu caderno.
>
> *Alice no País das Maravilhas*

Há coisas que nunca vão mudar mesmo que nos empenhemos em mudá-las. São as "regras número um", porque são tão antigas como o mundo. Como as leis da natureza humana, por exemplo. Todos somos humanos, os nativos digitais também. A sua capacidade cognitiva é limitada, não são omniscientes e nunca o serão – com ou sem um *smartphone* no bolso –, não têm superpoderes e nunca os terão, por mais nativos digitais que sejam. A atenção não pode dividir-se e não podem realizar, em paralelo, várias atividades que exigem pensamento. A liberdade não é gerar um leque infinito de possibilidades com as quais uma pessoa nunca se compromete. As crianças precisam de relações interpessoais tanto para desenvolver um sentido de identidade pessoal como para a sua aprendizagem. Precisam de contato com a beleza, através da sensibilidade. Precisam de amizade, empatia, compaixão e espírito atento. E precisam agir por sentido, a partir de dentro. Em suma, precisam de realidade. Muita realidade.

O best-seller que inspirou o filme *O encantador de cavalos* explica que, para poder lidar com um cavalo, devemos entender a sua natureza e pedir-lhe apenas aquilo que ele se sente capaz de fazer. Como dizia Hipócrates: "Nem a sociedade nem o homem nem qualquer outra coisa devem ultrapassar os limites estabelecidos pela natureza para serem bons." Na educação, a sabedoria – ou, simplesmente, o bom senso, que também é uma forma de sabedoria – consiste em não impor regras que vão contra a natureza ou respeitar as que vão no sentido da natureza. Como reza o ditado: "Deus perdoa sempre, o homem às vezes, a natureza nunca." Quando maltratamos a natureza, recebemos sempre a fatura. Robert Frost dizia que "na natureza não há prêmios nem castigos. Apenas consequências". Custa-nos tanto a entendê-lo e a aceitá-lo que, se pudéssemos, há muito tempo que teríamos interposto uma ação de responsabilidade civil contra a nossa própria natureza, para que esta se comporte como nós queremos. É algo parecido a tentar viver à margem da realidade. Algo parecido com o que tentou fazer o rei do País das Maravilhas com a regra 42, em virtude da qual expulsava Alice de um país feito para ela.

Educar na
realidade

Precisamos de uma revolução educacional. E para isso devemos ser inovadores, repensar as coisas que não nos atrevemos a pôr em causa, sacudir paradigmas intocáveis. No entanto, para estudar o assunto com serenidade, sem preconceitos nem interferências, temos de apagar a música de fundo do transe tecnológico. A inovação não consiste em ir sempre à procura do novo e mais recente. Eva Zeisel, famosa *designer*, dizia que "a novidade é um conceito comercial, não um conceito estético". Devemos ser inovadores e originais no sentido de "voltar às origens", como dizia Gaudí.

Esse regresso às origens nos levará a procurar o que é belo e que resiste ao tempo e às modas passageiras. A beleza está estreitamente relacionada com a realidade, essa realidade dotada de natureza. A beleza remete-nos ao sentido de finalidade. Para encontrar sentido, apenas é preciso um espírito atento capaz da contemplação do esplendor da realidade, porque o mundo está pleno de sentido e, portanto, de beleza. Esse espírito atento, essa abertura à realidade, é próprio do sábio. Bernardo de Claraval dizia que um "sábio é aquele a quem as coisas lhe sabem realmente como são". Oxalá saibamos educar os nossos filhos na realidade, para que cresçam capazes de sentir, de tal forma que as coisas lhes saibam realmente como são.

Supunha-se que a tecnologia revolucionaria a educação. Mas nunca se cumpriu essa promessa. E não o fará. Por quê? Porque a educação não é verdadeira por ser revolucionária, é revolucionária por ser verdadeira. E a educação é verdadeira por contemplar uma perfeição de que a nossa natureza é capaz. Essa perfeição é que dá sentido às aprendizagens da criança, do adolescente, à nossa maravilhosa e insubstituível missão como pais, mães, professores e professoras: transmitir o encanto que há na verdade e na bondade, captando e cativando os olhares das crianças e dos jovens com o esplendor da realidade.

Catherine L'Ecuyer
Educar na *curiosidade*
A criança como protagonista da sua educação

"Mamãe, por que não chove pra cima?",
"Por que as abelhas não fabricam doce de leite?",
"Por que as formigas não são preguiçosas?".

Quando nossos filhos olham pela fechadura de longe, só podem apreciar um tímido raio de luz. À medida que se aproximam da porta, o que veem cresce, até que, algum dia, com a testa apoiada na fechadura, estarão contemplando a Beleza do universo. Educar na curiosidade é uma filosofia de vida, uma forma de ver o mundo que amplia os horizontes ...zão porque se nega a permanecer no minimalismo da vulgaridade.

...ar na Curiosidade é repensar a aprendizagem como uma viagem que nasce no interior da pessoa, uma ...tura maravilhosa facilitada por um pensamento profundo que reivindica a natureza da criança, como ...peito pela sua inocência, seu ritmo, seu senso de mistério e sua sede de beleza.

...ginas | 14x21 cm

Fons Sapientiae
um selo da Distribuidora Loyola

Fons Sapientiae

Este livro foi impresso em papel polen sotf 80g, capa triplex laminação fosca com verniz UV
Rua Lopes Coutinho, 74 – Belenzinho 03054-010 São Paulo – SP
T 55 11 3322-0100 / F 55 11 4097-6487
www.FonsSapientiae.com.br
vendas@FonsSapientiae.com.br